U0138830

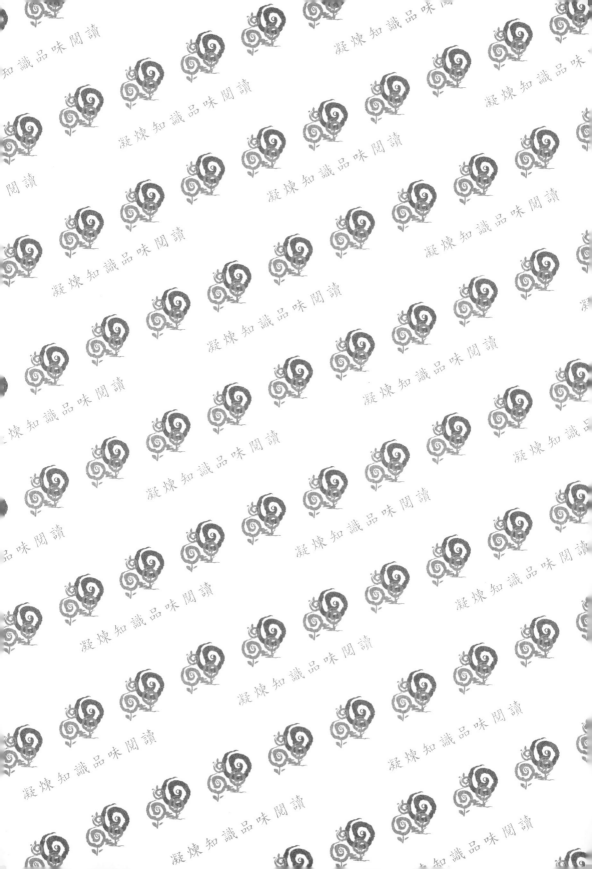

生命教育教材
——基礎篇

林聰明　總策劃
釋慧開　副總策劃
楊思偉　主編

五南圖書出版公司 印行

總策劃序

曾經，「來是偶然，去是必然，盡其當然，順其自然」是很多人對生命的態度，在近代，「生命」的議題討論已跳脫「生從何處來，死往何處去」所侷限之框架，人類從對於生命始終、生命長度的關注與探討，快速廣化、深化到「認識生命的本質、瞭解生命的意義、創造生命的價值，活出生命的希望」之追求，「生命教育」（Life Education）於焉成為顯學。

二百五十萬年前的史前時代，地球是處於多物種和平共處的「平等時代」，然「人類」經演化、進化後成為地球上最具競爭力的物種，也創造出其他物種所沒有的文化、技術、文明，但遲至十八、十九世紀以前，除非是天賦異稟的智慧者，「人是在無可選擇的情況下接受了生命，然後在無可奈何的條件度過了生命，最後在無可抗拒的掙扎下交還了生命。」消極的生命態度仍充斥在人類社會。

「驢子、猴子、狗捨壽給人類」寓言裡，描述一個人因緣際會接受驢子、猴子、狗所捨去的壽命，但不諳生命意義的他終其一生，除了活過二十年無憂無慮的人樣生活外，他的生命歷程中或將過著三十年像驢子一樣的打拼生活、十年像猴子般耍寶的取悅兒孫生活、十五年如狗一般的看家生活，人生歷程若此，何其乏味？資本主義、現代科技誠然為人類帶來大量的財富、豐沛的物資、更長的壽命、簡易而價廉的溝通途徑，但人類社會中，相對貧窮、難以滿足、了無生趣、人際關係疏離的種種不幸福感卻仍普遍存在，人類社會且充斥著種種的危機，或且造成人對己、人對人、人對環境的不友善，際此，釜底抽薪之計則在於如何透過教育以培養一個人的正確生命態度、人生觀，豐富與提升人類生命意義與價值的生命

教育自此成為教育最核心的議題。

　　大師曾說「生命不僅僅限於人類，他就是每一個眾生的心。」宇宙間的山河大地、蒼松翠柏、一花一草、一沙一石也都有它的生命，在大自然裡，生命就在時間之流、空間之流，乃至情愛之流中，就看你用什麼樣的眼光去認識它；「生命教育」探討認識生命的本質、瞭解生命的意義、創造生命的價值、活出生命的希望等重要課題時，除了重視實現自我生命意義的「利己」層面外，且提升至如何與外在的芸芸眾生、自然環境等和諧的共存共榮之「利他」層面，每個人該面對的包括自己、他人、社會、地球生態等層面；從「人對己」的視角檢視生命，會看到人或有自殘、藥物濫用、對手機網路的過度沉迷等不當行為；從「人對人」的角度視察社會，可發現近來備受關注的霸凌、虐童、棄養、恐怖攻擊、金融海嘯、反社會議題；從「人和環境」的關係看世界，早期地球的美麗樣貌與生物多樣化，已因人類的無止盡消耗而快速消逝，取而代之的是生態被破壞、大自然反撲，不僅引起各種天災，更影響人類的永續生存、發展，凡此，皆違背了生命的真諦與本質。

　　「生命教育」的內涵，在於以人為主體，思考從人的本身到與外在的各項關聯，進而察覺自命、利己、利人的終極意義，以建立健全的人生觀；透過「心念」的修持，起心動念以利益大眾著想，要知道自己目前的一切，都是過去行為的反射結果，「身」應做好事、服務奉獻，「口」應說好話、慈悲愛語，「意」則須存好心，心有聖賢，平時力行「正向思考」、「正面信念」，必能克服萬難。

　　我國推動生命教育已屆三十年，103年3月教育部訂定「生命教育推動方案」，期能因應時代發展與需求，不斷反思與創新，從而能與國際化、全球化的脈動結合，以永續發展與推動、落實深耕，逐漸成為我國之特色教育計畫；本校自102年起，以「生命力帶動

生命力」辦學理念獲得教育部獎勵大學教學卓越計畫補助，連續四年共獲得1億6千萬元獎助，全面提升學子生命力、國際移動力及就業力，更以生命教育建構「三好校園」，榮獲「生命教育特色學校」、「三好校園實踐學校」、「品德教育績優學校」等殊榮；因推動生命教育的架構完善且成果豐碩，而於104年獲准設置國家級的「教育部生命教育中心」，以協助大專校院發展推動生命教育特色，也能對目前高中職、國民中小學等各教育階段設置的生命教育中心學校，提供諮詢及資源整合。

　　本校生命教育中心針對我國各級學校推動生命教育之現況（包括課程、教材、師資等）進行資料蒐集與分析，並提出未來推動構思與建議；同時運用現代資訊科技，強化生命教育數位推廣工作；另外，生命教育中心亦協助教育部結合各種民間團體資源，與各級學校共同推動生命教育，讓生命教育成爲教育的核心價值。

　　生命是教育的根本，而教育是生命的動力，建構系統化的生命教育教材是教育部成立生命教育中心的目標之一，本校責無旁貸肩負起這影響深遠的重責，「生命教育系列叢書」第一本及第二本即將付梓，希望本校對「生命教育」福田的用心耕耘，能導引人人尊重生命、愛護生命，繼而創造生命的價值、圓滿生命的意義，凶惡桀紂幻化成仁聖堯舜，讓人人成爲生命的智者，爲後代留下永懷的身影。

　　　　　　　　　　南華大學校長　林聰明　謹識

　　　　　　　　　　　　　　　　　2016年12月10日

主編序

　　人類的生命隨著地球環境惡化，各國社會變遷快速和倫理沉淪，新世代之成長環境面臨重大改變與挑戰，導致其價值觀和生活態度產生世代間重大落差，讓有識之士咸表憂心。為改善這人類發展之重大問題，在現今學校教育中，包括國民基本教育階段及大學階段之教育，無不重視青少年之人格與生活培育，其中特別是有關生命教育之推動，已經受到更多的關切與重視。

　　臺灣社會有關生命教育領域之推動，可以追溯自1997年前省教育廳推動的中等學校生命教育計畫起。其推動之原因，乃基於認為學校教育除了可讓學生增加知識之外，更重要的是讓學生瞭解生命的價值，培養學生正確的人生觀。為達成此目的，從多年以前學界有識之士就開始提倡生命教育，並獲得政府機關的支持。在推動二十餘年之後，生命教育已從一個單純的教育理念成為學術界、教育界及政府部門高度肯定之重要教育政策。而1999年精省後，教育部承續原教育廳生命教育推動之業務，而教育部為宣示對生命教育推動之重視，於民國2001年宣布該年為「生命教育年」，並函頒「教育部推動生命教育中程計畫」（2001至2004年），規劃從小學至大學十六年一貫的生命教育實施，奠下我國推動生命教育之重要里程碑。進而，將生命教育活動列為九年一貫課程「綜合活動學習領域」之指定內涵，於中小學課程中進行實踐。其後鑑於校園學生自我傷害事件頻傳，乃於2007年訂定「教育部推動校園學生憂鬱與自我傷害三級預防工作計畫」，作為教育部2007至2009年推動生命教育之中程計畫重點工作。再至2010至2013年之生命教育中程計畫，則以「全人發展、全人關懷、全人教育」為主軸，並強調學校、家庭與社會的關聯，加強整合延續、發展特色與創新等目標方

向。其中自2010學年度起，自高一逐年實施之新課程「普通高級中學課程綱要」，明訂高中三年選修課程中，生命教育類至少修習1學分，使生命教育正式成為高中科目之一，這也是一劃時代之步伐。至於大學階段之生命教育相關課程，也由各大學在通識教育中自主設置相關科目供學生選讀，這在在都能顯示教育相關單位重視生命教育課程之落實。

自2014至2017年間，現階段教育部正在執行「教育部生命教育推動方案」，其方案內容涵蓋學校、家庭、社會等各層面，從學前到成人之終身發展階段，更加強關懷特殊與弱勢族群。另外，並因應時代發展與各種需求，不斷反思與創新，進而能與全球化的脈動相結合，以永續發展的精神不斷落實深耕，希能逐漸成為臺灣之特色教育計畫，讓我國推動生命教育的模式與成果，能夠與國際分享與交流，共創美好的地球村理想。

誠如該推動方案目標所揭示的，「生命教育的宗旨係希望培養學生具備健康身心、理性頭腦及美麗靈魂，期能透過課程（包含正式課程、非正式課程及潛在課程）、師資培育、建構校園文化等具體策略之推動，使學生能具備道德實踐與公民意識（社會我）、藝術涵養與美感素養（美學我）、系統思考與解決問題（知識我）、身心健全發展（體能我）以及探詢生命意義、內化價值觀、追求至善（超越我）等核心素養。」在該宗旨下，該方案期望在學生、教師、學校、社會、政府機關及研究發展等方面積極努力，達成應有之目標，而相關計畫也正在積極推動中。

本校是佛光山佛教系統設置之大學之一，秉承創辦人星雲大師之教育理念，期望將佛教慈悲為懷、濟世淑人之愛心，透過大學教育傳遞給下一世代，以讓社會能祥和樂利。由於本校在生命教育之推動理念扎實，推動成果豐碩，因此在2015年獲教育部核定，設置「全國生命教育中心」，積極執行相關政策與活動，已經獲得許多

成果。

　　本校奠基於宗教辦學之特色，不但設有宗教相關系所，也在道德教育和身心靈相關領域擁有優良師資，並開設多種相關課程提供學生選讀，陶鑄本校學生之特殊學養，成果頗豐。在這樣的基礎下，此次爲了整理生命教育有關之教材，以及展現推動生命教育課程之成果，特由人文學院籌劃出書事宜，邀集各系所、通識中心相關教授及各界專家，共撰寫了23篇有關生命教育議題之教材性之論文，分成兩本書出版，亦即《生命教育教材─基礎篇》，和《生命教育教材─進階篇》兩書。每篇文章字數不多，也都以簡單易懂之文字呈現，作爲教材之用是出書之原始初衷，未來規劃將繼續會有系列書籍出版，以提供爲各級學校教師參考書籍，以及各大學開設相關課程教材之用。

　　本次在邀稿編書之際，特別規劃相關撰稿格式，拜託各教授依格式賜稿，承蒙大家在百忙之中，抽空撰寫，謹致誠摯之謝意。另外，本系列書籍在籌劃之際，獲得林聰明校長之大力鼓勵，慨允擔任總策劃，副校長釋慧開擔任副總策劃，其支持力量正是本系列書籍能夠出版之最大支柱；另外，本系列書籍承蒙五南圖書出版公司楊榮川董事長之支持，陳念祖副總編輯之全力協助，學院助理育齊和嘉眞之辛苦協助事務處理，才能順利出版，在此一併致上最大之謝意。由於生命教育領域仍是有待細緻耕耘之園地，因此內容恐尚有未盡臻善之處，尚請各界專家給予鞭策與指教。

楊思偉

於南華大學學慧樓

2016年11月12日

目　次

第十一章　生命教育教學方法之探討

紀潔芳

第一章

生命教育「生之喜悅」
教學之探討

紀潔芳

摘　要

「生之喜悅」是生命教育教學中重要的單元，其教學目標令學生珍惜自己生命、尊重他人生命，孝順父母及防治青少年自殺。為達此教學目標，本章介紹有關「生之喜悅」之繪本、視聽媒體及體驗活動，並分別敘述中小學生深淺層次成效及建議。

壹　前言

生命教育課程中「生之喜悅」單元非常重要。孩子不論大小，如能體悟到自己出生之不易，感念父母撫養、教育之辛苦，必能珍惜自己生命，尊重他人生命。有關「生之喜悅」，可設計多項體驗活動，亦有豐富之教學資源，如能互相搭配，定可收相輔相成之教學成效。

貳　體驗活動教學

一、媽媽真辛苦——背背包

此活動之學習宗旨是體驗媽媽懷孕辛苦及珍惜生命。適合小學到九年級之學生。早上到學校，每人在胸前背上一個大約3.5公斤重之背包，從第一節課背到下午約4點放學。吃中飯及上廁所都要背著，下午4點預產期到了，孩子慎重取下背包。

「Happy Birthday！」寶寶誕生了！學生說「老師！好累啊！我才懷孕一天，想想媽媽，懷孕九個月，那才是辛苦！我回去要好好謝謝媽媽。」如果是幼兒園小朋友，則用汽球代替背包，小朋友身上放了汽球，蹲下、走路、吃飯夾菜都不方便，亦可體會媽媽懷孕之辛苦。

在大學，我們讓修生命教育課程的男女學生，用布包在腹部包一顆小玉西瓜，約3.5-5公斤，計四天。霎時！校園多了好多位孕

婦（包括男生），不用講，都是修生命教育課程的學生，大家也見怪不怪了！

二、媽媽好累──護蛋

此體驗活動之學習宗旨是體驗媽媽懷孕辛苦及珍惜生命及創造力考驗。適合小學中年級以上之學生、成年人及銀髮族朋友。每人分到一個雞蛋，請彩繪，可畫藝術圖案，也可畫男寶寶或女寶寶。繪好後小心翼翼裝入夾鏈袋，用手捧住，至誠跟蛋寶寶說話：「寶寶！媽媽好不容易才懷孕，歡迎你加入這個美滿小家庭，懷孕雖辛苦，但媽媽會好好照顧自己，會盡全力保護你。我們愛你！」默禱後，慎重掛在胸前，預產期四天。學生聽到蛋寶寶要掛四天，而且不能拿下，臉都變綠了！怨聲四起：「老師！我們要坐公車回去，身上掛著一個蛋，會被別人笑死！」、「身上掛一個蛋，我要怎麼洗澡？」老師糾正「要叫『蛋寶寶』，不是『egg』」、「老師！

這五張照片都是護蛋寶寶的活動照，尤其右下角的主角保護的措施最好。

身上掛著『蛋寶寶』，我要怎麼睡覺？」老師笑著說：「生命教育不是要培養你們的『創造力』及『溝通藝術』嗎？你們可盡一切力量來保護寶寶，又要好好睡覺，試試看！明天把保護的方法或器具一起帶來，誰最有創造力，又能兩相兼顧，老師要頒創意獎。」學生一經鼓勵，創意點子特別多。

老師又特別交代如不幸流產（即寶寶變成蛋花）請放到追悼區（在教室角落放一桌子及花），如不小心需安胎（有裂痕）找醫護室護士，所幸有87%的學生平安產下寶寶。到第四天在老師恭喜下「Happy Birthday！」，每位學生先和寶寶講一段話，在感動感激中取下蛋寶寶。筆者請了一位流了較多感動眼淚的學生回應，他跟寶寶說「寶寶！恭喜你平安來到人間！媽媽看到你平安出生，太感動了！懷孕期間媽媽多麼小心，你知道嗎？不敢跑、不敢跳、不敢大聲講話，睡覺更要小心，怕一個閃失，你會流產，可是你一出生，媽媽又開始擔心了！要怎樣才能平安把你養大？」同學們大多的心得是「深深體會媽媽的辛苦及勞累」。甚至很多年後，筆者收到一封信，感動的無以復加：「老師！你不一定記得我，但我一定要告訴你：前天我和相交四年的男朋友分手了，我真氣不過，去買了一包炭，突然看到旁邊一箱蛋，愣住了！回到了護蛋歲月中，……，聯想到媽媽多麼辛苦才把我生下來，我怎可輕易毀掉自己的生命？我將炭還回原處，回到家翻出『生命教育』學習檔案夾，翻到護蛋的心得及照片，我看了又看！眼淚流個不停，突然看到我和蛋寶寶合照，我笑了出來！回到小寶寶的出生回憶，小寶寶生下來這麼不容易，怎麼可以草草結束自己的生命。慢慢雨過天青！老師，謝謝你！」

在生命教育中，甚至在學校教育、家庭教育或社會教育，我們要給孩子留下深刻的正向印象。在他處於人生十字路口左右為難時，很自然地正向印象會浮現，幫忙孩子作生命抉擇。當然要切記深刻的負向印象也會有此功效，不可不注意。

三、春天的功課 —— 發苜蓿芽

此活動之學習宗旨是探究生命力之奧妙，學習照顧及負責任，學習健康飲食，培養自信心。春天是生機無限，充滿朝氣及希望的季節，筆者喜歡帶學生做「生生不息」的體驗活動。每位學生給他們一小匙愛的種子注入於「寶特瓶中」，告訴學生種子要保持濕度但不要泡在水中，一星期後滿滿一瓶請帶來教室，老師要打分數，並將苜蓿芽做成苜蓿芽三明治、手捲及打成精力湯。其中A同學苜蓿特別旺，A說他每天都聽古典音樂，苜蓿也跟著聽。B同學每天都跟苜蓿講好話，苜蓿芽發得特別旺，因為有好磁場。在品嚐前老師要帶學生做一默禱，感謝苜蓿寶寶之啟發，及示現旺盛的生命力，「Happy Birthday！」默禱後，苜蓿寶寶已平安誕生人間，苜蓿是苜蓿，芽菜是芽菜，方可品嚐，否則學生心理尚未轉向，是無法品嚐的。

四、春之旅

此活動之學習宗旨是培育觀察力。有欣賞及關愛大自然之情懷。暮春3月，上課中帶學生到校園走一圈，大家保持沉默，聽聽大自然聲音。走過小葉欖仁樹下，同學們抬頭看著樹枝，露出驚喜的眼神，3月小欖仁的葉子已落盡，只剩光禿禿的樹枝，但每一枝條卻凸出了綠色小點，發芽了，讓人覺得春機處處，春意盎然，春光無限！回來時請每人帶十片葉子（不可摘，只可撿地上之葉子），回教室後，每人照葉子新舊排列，互相分享葉子年歲、形狀、葉脈、葉柄、顏色、及對生或互生或輪生。同學說沒想到小小葉子還大有學問。大自然太奧妙了！有一次帶學生到觸口樹木銀行參觀，居然看到一棵樹幹光溜溜的樹，用手輕輕騷樹幹，末梢樹枝居然會搖動，再靠近樹幹用耳朵聽，居然有流水聲，真奇妙！

五、預約無尾鳳蝶的生日

如果要招蜂引蝶，可在校園中種上蜜源植物；如馬利筋、汽球果〈樺斑蝶的食物〉、黃花酢漿草〈小灰蝶喜歡的食物〉、桔子樹〈無尾鳳蝶喜歡的食物〉等。如此，學生有福了！常有機緣觀察到毛毛蟲的生長從化蛹到蛻變成蝴蝶的過程，這是最好生命教育的大自然教材。生命是一階段一階段的，就如同毛毛蟲要變蛹，再變成蝴蝶一般。

又，在臺灣南部的鄉間小學，小朋友常可看到鳥媽媽、鳥爸爸一趟趟銜著稻草、樹枝及泥土等，選擇安全地方一起築巢。鳥是天生的氣象學家及建築師，巢的洞口是逆風的，還有點傾斜，下雨時雨水潑不進來。巢築好後，看到鳥媽媽安然下蛋、孵蛋及餵食。最不可思議的是鳥爸、鳥媽每天上午要清潔鳥巢，要把小鳥的糞便銜到很遠的地方丟掉，主要是保護小鳥，不受天敵侵擾，父母親之愛，令人動容。

參 視聽媒體賞析教學

一、「新生命誕生」 VCD 50分鐘

這是一片很寫實、很幽默、很風趣、很有啓發性之VCD。以科學方法說明胎兒聽得到母體外之聲音、是有記憶力的，剛出生之小胎兒是有情緒反應，也很想表達些什麼。筆者在職班學生看過後，說：「真想照標準方式再生一個baby。」本片在胎兒出生那一刹那，學生都很感動。原來胎兒剛出生時，皮膚皺皺的，像個小老頭似的！有些學生看完VCD，衝出教室，忍不住打電話給媽媽「媽！我現在知道我是怎麼來到人間的！謝謝你！」、「媽！我生下來幾公克？喝什麼牌子的奶粉長大？」弄得媽媽滿頭霧水！

二、「我從哪裡來」　VCD 20分鐘

　　如果孩子問：「爸爸！我從哪裡來？」或是更坦白：「爸爸！什麼是做愛？」各位父母親你要怎麼回答？「我從哪裡來」是法國人製作出版之VCD，回答孩子疑難雜問。以動畫方式介紹做愛，坦誠、露骨，但正軌、還附書籍，另有配套系列性教育VCD，都是規矩的教材，孩子對「性」及「死亡」很好奇，與其孩子道聽塗說或從旁門左道去打聽，不如規規矩矩依正常軌道介紹，才不會出差錯及風險。

三、「狗媽媽生小狗狗」　PPT 8分鐘鄭老師製作

　　鄭老師的紅貴賓狗懷了五隻小狗（通常是懷兩隻），生五隻小狗約要花上11、12小時，狗媽媽太累了，因狗狗也是家中一分子，鄭老師找了一個黃道吉日讓狗媽媽剖腹生產，並照相及錄影。鄭老師製作成PPT，學生看後頗感動，看到狗媽媽對小狗狗無微不至的疼愛、照顧，麻醉藥一退，清醒過來，顧不得疼痛，立即餵奶……，小狗狗14天才開眼的日夜關照……。小朋友看後有人立志要當獸醫，有人要當外科醫生，有人知道要養寵物需負起責任，也有人問「那我是怎麼生下來的？」

四、「我是怎麼來的？」　PPT 8分鐘另位鄭老師製作

　　鄭老師生第一個小寶寶滿月出院時，醫院送了一張從懷孕到每次產檢到小寶寶出生之光碟片，鄭老師再加上寶寶滿月、剃胎毛製胎毛筆、收涎、到抓週的照片、製作PPT，也感動了許多人。當學生看14週胚胎只有7.8公分時，驚叫到「我媽媽太厲害了，怎麼會將7.8公分之胚胎養成180公分的帥哥」，眼中還含著感動的淚水。在職班的學生看完說「我早想為兒子、女兒的成長做PPT，說太忙沒時間是安慰自己、欺騙別人的話，我下定決心一個月內一定要完成！」其實，在我們身邊有許多生命教育的教學資源，單看會不會

運用！另許多有關「生之喜悅」的視聽媒體還不斷推陳出新，教師們可多交換心得及教學祕笈。

肆　運用繪本教學

有關baby出生之繪本相當多，無論是繪圖及文字都相當動人，如《我家寶貝要出生》（大穎）、《媽媽的承諾》（大穎）、《你出生的那個晚上》（大穎）、《How was I Born》（英文版）等。

一、《我家寶貝要出生》

此繪本是以照片方式告知baby出生經過，較特別處是baby在浴缸出生，由小哥哥為弟弟剪臍帶的天倫照片等，沒想到最後一張照片及旁白救了一位想要自殺的男孩。這本繪本筆者曾為大學生講授。幾天後，有位學生來敲筆者研究室的門，神情凝重地說：「老師！我現在心情壞透了！《我家寶貝要出生》繪本再借我看一次好嗎？」學生拿了繪本坐在沙發上慢慢翻閱，到了最後一頁他慢慢念了一次又一次，沉思一會，抬頭看著我眼睛閃著光芒，娓娓道來：「老師！上星期你講這本繪本時，我印象很深刻，超感動！沒想到今天上午的意外事件打擊讓我一直想死（隱情略），但又不情願，所以想再看看這本繪本。我想通了，我在媽媽肚子裡是豁出性命，衝出母體，朝著迎接我的家人，這樣全心全意、這樣勇往直前出生，爸媽養我教我也不容易，我怎麼可以這樣草草結束生命，我不死了！」沒想到繪本力量這麼大！

二、《媽媽的承諾》、《你出生的那個晚上》及《花花姐姐說故事》

這是筆者最喜歡送給即將結婚學生的禮物，無論是男學生或女學生，請他們在結婚前夕，懇請爸媽為他們念一次，將來他們也要

為子女念N次。摘錄分享：

「媽媽的承諾……」

我答應世上的聖地……我會告訴你榮譽是什麼。

我答應世上所有的生物……我會告訴你尊重的真諦。

我答應世上所有的人……我會教你如何去愛──一如我對你

許下的承諾，要永遠永遠愛著你。

在你出生後的第一個清晨，出生的太陽會用金色的陽光為你洗禮；當你想起自己對這個世界的承諾，他將再次歡迎你。

「你出生的那個晚上……」

你出生的那個晚上，月兒的臉上滿是驚喜的笑容，讓星星們忍不住要偷偷瞧一瞧你。晚風徐徐吹起，彷彿在低聲訴說：「世界從此將會大不相同。」因為在這個世界上，從來沒有出現過一個和你一樣的人。風和雨都為你深深著迷，低聲念著你那美麗的名字。你們的名字聽起來彷彿帶有一種魔力。讓我們先停下來，大聲的念出你的名字吧！所以，當你懷疑自己是不是真的很特別，或是不知道到底有沒有人愛你、他們對你的愛又有多深的時候，聽聽鵝兒在空中鳴叫的聲音，（牠們正在高唱對你的思念之歌呢！）或者就讓輕柔的風聲伴著你慢慢入睡吧！（注意聽……他又在低聲吟唱著你的名字了！）我親愛的朋友，這個世界因為有你而大不相同；這樣的世界從來沒有在任何故事、任何詩歌中出現過。過去如此，將來亦然。

三、《我出生的那一天》（格林）與《你來了，我們就變成一家人》（大穎）

這是「生之喜悅」系列很特別的兩本書，主要是描述未能生育的父母就領養孩子期盼、驚喜及歡樂。在繪本導讀中特別討論到是否要誠實的告訴孩子他是被領養的？也要告訴孩子「第一個媽媽」（即生母）無法養育小寶寶的苦衷，並不是拋棄小孩。

在美國家庭和領養孩子相處採取較坦誠的態度，且大多數人能接受孩子與原生家庭互動。在今日社會，夫妻未能生育領養孩子的家庭為數不少，這兩本書是切中時需很溫馨的書。

四、《我從哪裡來》

此繪本與前面介紹過「我從哪裡來」DVD內容相同，只是透過繪本及DVD表達方式不同。而「有什麼毛病」則是孩子對成長的探索。

或者讀者看到「有什麼毛病」以為是罵人的話。殊不知這是說孩子開始長體毛時，表示他已進入青春期，青春痘、喉結、體毛等青春期象徵一一出現，讓孩子瞭解在成長中身體的變化而有心理準備。

五、《生命有多長》（遠流）、《世界為誰存在》（和英）與《奇妙的自然奇妙的你》（遠流）

通常不是生下孩子就了事，還要悉心呵護疼大的！讓孩子身心健康、成長茁壯，才有「生」之「喜悅」。這三本書無論文字、圖畫均是賞心悅目，讓孩子有開闊的心胸，天人物我、心包太虛！大自然是我們體悟人生最好的老師！

《生命有多長》介紹大自然動植物的壽命；當學生讀到毫不起眼蚯蚓居然可活6年，鯊魚可活25年，大仙人掌可活100年，人大約可活85年，……地球已經45億年，要多麼珍惜這眼前擁有的一切！

《世界為誰存在》是各類動物家庭之親子對話：熊寶寶問「世界為誰存在？」

「熊媽媽說……」

呃，看看你的四周，媽媽回答。這個世界有那麼多又深又

黑的洞穴，為妳遮風避雨，那麼多在陽光下閃閃發亮的溪流，都有魚兒在悠遊，每一座森林，不管多麼遼闊，妳永遠也不會迷路走錯。世界為妳存在！

「接著獅子寶寶問、河馬寶寶問、羚羊寶寶問、鯨魚寶寶問、貓頭鷹寶寶問⋯⋯」

小男孩靠在爸爸身旁，凝視著滿布夜空的星光。世界也為人們存在嗎，包括我和你在內？他問。

一點兒都沒錯，爸爸回答，「世界也為人們存在，而我的世界在這裡—和你在一起。我們的世界有公園，讓你嬉戲玩耍，有山丘，讓你向上攀爬，有溪流，讓你涉水而過，也有古堡和海濱，讓你隨意探索。雖然我們已經親眼見過許多許多，但還有更多更多的事物等著我們去看去做。」

《奇妙的自然奇妙的你》藉著大自然動植物的生態體悟人生：

獅子不曉得什麼叫公平，牠只知道有時候抓得到「晚餐」卻溜掉了。如果逮不到羚羊，獅子不會抱怨別的獅子，也不會怪自己不好。如果草長得不夠長，斑馬就到別的地方，尋找更合適的草地。當湖水或河水乾枯了，河馬就遷徙到別的湖或河川，重新建立家園。

如果你試過某些事情，結果都不如願，可別太在意。不要責備別人，也不必怪自己。不妨再試一下。

死亡是大自然生命的一環，花朵、樹木和動物活了一段時間之後便會死亡，好讓其他花朵、樹木和動物有空間生長。萬物雖然死亡，卻未完全消失，只是變成以另一種形式存在。

你曾經遇過寵物過世嗎？你當然會爲此感到哀傷，不過，牠們卻將永遠留在你的記憶和心中。大自然從不期望事事稱心，也無須這樣祈求，因爲它似乎知道，自己不論什麼模樣都完美無比。

你也是這樣子。

大自然本身就圓滿自足。

你也是這樣子。

六、《謝謝你，生命》（大田）

這是一本探索「生從何來」生命樹的繪本，孩子閱讀後對生命的傳承，家族的綿延有著任重道遠的心態。

伍　建議

一、對於「生之喜悅」單元，教師除了課堂上講述外，可加入體驗活動、繪本賞析及視聽媒體之交互運用。

二、有關作業

(一) 可請學生回到自己出生的醫院嬰兒室看看，或到學校附近醫院的嬰兒室亦可。據筆者的經驗，學生都會很感動。

(二) 請將自己生辰年月日時寫在紅紙上收好，或是出生時的小手印、小腳印、胎毛筆、照片等蒐集，製作「我的故事」，有位學生帶了一卷錄音帶，爸爸爲她錄下了來到人世間第一聲聲音，居然是「洪亮的哭聲」，爸爸說這是她出嫁的嫁妝。另外一位喜歡畫畫的同學，媽媽居然還保存了他第一次（1歲）畫畫的畫，有畢卡索的味道。學生如獲至寶，更懂爸媽一片疼愛之心。

(三) 有的作業是回家訪問爸媽，媽媽懷孕的感覺、生產的感

　　覺、從懷孕到出生最辛苦的事、最快樂的事、爸爸最高
　　興的事……。
　以上作業，國小學生到大學生均可作，唯有層次之深淺。
三、教師運用DVD等視聽媒體教學，宜注意到尊重智慧財產權。
　　如繪本為教學及學術報告可掃描，惟不可寄給別人。又學生之
　　作業，亦不可公開，除非獲致當事人之同意。

參考文獻

Linda Goldman（2000）。孩子也會哀傷——學習如何支持孩童度過正常的哀傷過程
　　協助校內兒童面對哀傷，國立彰化師範大學臺灣地區兒童生死教育研討會。
林瑞堂譯（2000）。你可以更靠近我——教孩子怎樣看待生命與死亡。臺北市：張老
　　師。
紀潔芳（2006）。兒童繪本在生死教學中之運用。何福田編之生命教育。新北市：心
　　理。
紀潔芳（2006）。視聽媒體在生死教學運用之探討。何福田編之生命教育。新北市：
　　心理。
紀潔芳、張淑美主編（2012）。生死關懷與生命教育（大學教科書）。新北市：新
　　頁。

問題與反思

一、你每年生日第一件事是做什麼？
二、敘述你曾經過過最有意義的生日。

延伸閱讀

余德慧（2003）。生死學十四講。臺北市：心靈工坊。

陳書梅（2014）。從沉鬱到淡定──大學生情緒療癒繪本解題目。臺北市：臺大出版。

蘇珊‧巴蕾（1997）。獾的禮物。臺北市：遠流。

釋慧開（2014）。生命是一種連續函數。臺北市：香海文化。

第二章

生命的眞相

釋永有

摘　要

　　生從何處來？死往何處去？各類學科有不同的說法，因爲有不同說法，反而帶來更多迷思。

　　人類對於死亡的恐懼與生俱來，由於對死亡的無知及對死後世界的不瞭解，死亡就一直被視爲對生命的最大威脅。許多學科如：醫學、倫理學、哲學、心理學對死亡都有涉及，然對於生命眞相卻只是片面的敘述，且對於生前死後的世界，少有論述。

　　這個領域在宗教中已有許多的敘述，然本文不僅從宗教角度，也從哲學和「瀕死經驗」的角度，來進一步探討，並舉實例說明，以便從更寬闊的角度，來看生命眞相。

　　宗教多認爲生命具有延續性，因此有了天堂地獄之說，如基督教的永生、佛教的超越生死輪迴、印度教的梵我合一、道教的羽化成仙之思想。這些說法顯示了此生之後還有生命存在的想法。

　　「瀕死經驗」，英文爲Near-Death Experience，簡稱NDE，即指發生在實際或者是已經非常接近死亡當中，我們的意識脫離肉體的清晰經驗。「瀕死經驗」是透視生命眞相的一扇重要窗口，也是生命教育很重要的一部分。

壹　生命輪迴的觀點

　　人的生命究竟是怎麼一回事呢？除了眼前大家所看到從生到死的生命之外，是不是還有生命繼續存在呢？這一直是科學界想要瞭解，到現在還找不到正確答案的問題。本文不僅從宗教角度，另從瀕死經驗、生命輪迴的角度，來進一步探討，並舉實例說明，以便從更寬闊的角度，來看生命眞相。

　　當人被生下來的時候，他是不是只是個很多事情都不知道的小嬰兒？其實在這個小小嬰兒的心靈當中，他已經知道了很多的事情，但是大人們以爲這小小孩什麼都不懂。大人們應該試著瞭解：

小孩子來到人間還帶著什麼？

　　一般人以為所謂的生命就是：你眼前所看到的樣子，你是男生，她是女生。你是白人，他是黑人。你是黃種人，他是褐色皮膚的人。事實上，這樣子的認識對於生命是不足的，因為生命的真相是不管你是哪裡人，生命總是帶著自己的過去，一直延續到現在。所以生命哪裡是只有眼前所見的生命而已？

　　生命的真相是：生命不是只有一生一世，生命不是只有你眼睛所看到的生命存在形態，生命並非同一個模式。生命一直在輪轉當中，生命不是只有此生此世，生命還有過去生過去世，甚至還有未來生未來世，因此生命是一直不斷在延續當中。

　　輪迴觀念的起源不詳，不過可確知的是，它淵遠流長，西元前七、八世紀就盛行於印度，西元前六世紀盛行於希臘。所以並非佛教所特有，而是回教、印度教、猶太教甚至早期的基督教等宗教都擁有的看法，雖然看法略有不同，主要是指生命並非在死亡後就沒了，而是一世又一世的延續下去（釋永有，2001）。有關生命輪迴的瞭解，以下從宗教、哲學的生死觀來探討

一、古代印度的生死觀

　　從古以來，輪迴之說早就存在於人類社會中，古印度的婆羅門文化《梨俱吠陀》一書中，已論及人死後有靈魂。後來的《梵書》、《奧義書》、《薄伽梵歌》中，相繼記載著輪迴思想，但至奧義書時期方始完備。奧義書又譯優波尼沙陀或優婆尼沙疊，輪迴思想真正成印度之共同信仰，就是奧義書時代。

　　在《薄伽梵歌》第一篇二章十八節提到：

　　「有知的自我即無所謂生，亦無所謂死。他從無中來，去時亦無有。他是不生、永恆、不朽和基原。他不會隨肉身而死。當一個屠夫覺得他是個屠夫，或當一個被宰殺的人認為自己是被宰者，他們都不明白，他即不是屠夫，也不

是被宰者。」（John Bowker，商戈令譯，1994）

奧義書時期認為，永恆的自我（梵我），是無生無死的，並不隨肉體而毀滅。最高境界是達到「梵我合一」，得梵智得解脫，不再輪迴。自從輪迴思想興起之後，「輪迴」便逐漸成為印度之生活與文化思想的一種普遍想法。

二、佛教的生死觀

佛教接受印度傳統輪迴觀念，但不是蕭規曹隨地沿用，而是看法不太一樣，然此非本文重點，故不作討論。佛教對「輪迴」有詳細透徹的解析，揭開生命輪迴的奧祕，並教導離苦得樂方法。佛教相信普遍性的因緣法則，認為一切事物都有其因緣，一切事物的生起，都是因緣和合的結果。所以，心或意識也是由前面時刻的結果而產生，而人就在此因果中輪迴。有關輪迴記載的經典如：《撰集百緣經》、《賢愚經》、《阿含經》、《法苑珠林》、《大智度論》、《六度集經》、《本生經》、《菩薩本行經》等都有相關記載。

《大正新脩大藏經》大集會正法經卷第三：

「我佛大沙門，得最上善利，於一切世間，最尊無與等。三摩地願力，皆悉已具足，一切勝義法，無餘不知者。一切眾生類，無始輪迴苦，佛善巧方便，普令得解脫。婆羅門外道，咸得大利樂。」

佛陀證悟後，教化眾生，對「輪迴」提出許多看法，如《心地觀經》云：「有情輪迴生六道，猶如車輪無終始。」在 *The Historical Buddha* 一書中，說明了佛陀證悟的那個重要晚上，經歷了好幾個不同的覺醒階段，以下是他對於那個經驗的描述（Sogyal Rinpoche, 2000）：

「我憶起許多，許多前世。一世、二世、三世、四世、五世……五十世……一百世……十萬世，出生在各種的時空。我知道這些世的每一件事情；它們發生在什麼地方，我的名字叫什麼，我出生在哪個家庭，我做過哪些事。我經歷過每一世的好運和惡運，以及每一世的死亡，然後再度受生。我以這種方式憶起無窮盡的前世，及其特質和環境。這是我在初夜時分所得的知識。」

釋迦摩尼佛開悟後即擁有六大神通，其中一種為宿命通，不僅瞭解自己的每一世的生命，對六道眾生之百千萬世宿命及所作之事，亦皆如是瞭解。

星雲大師（1982）演講〈佛教對輪迴的看法〉：

「人生要像車輪的轉動一樣，永遠向前，生生不已，才能保持永恆鮮明的生命。罪業就像車輪的迴旋，假以時日的懺悔改過，終有去除的一天，輪迴給眾生帶來無限的希望，寒冬雖長，春暖花開的日子總會到來……。如何理性地去認識輪迴，跳出輪迴，超越三界，轉生死輪迴為諸佛菩薩的菩提法輪，才是智慧之舉。」

從以上佛教經典、佛陀證悟的描述、星雲大師的開示，都在說明世間一切的現象都離開不了輪迴循環，人的生死變異也是輪迴，生命是「無始無終」。釋依昱（2005）認為：「此第八識是我們的生命根源，這生命體從無以來乃至成佛皆不壞，只是轉變性質而已。如《解深密經》卷一云：『於六趣生死，彼彼有情，隨彼彼有情眾生，或在卵生，或在胎生，或在濕生，或在化生，身分生起，於中最初一切種子心識成熟，展轉和合，增長廣大……。』」（《大正藏》卷十六，六九二中）

第八識阿賴耶識猶如資料記憶庫，含藏著過去一切的記憶，

也是輪迴的依據。所以人生下來，每個人都帶著過去世的記憶，這一世新的體驗也會與過去世連結。例如：看到一位陌生人或某個地點，會有似曾相識的感覺，這有可能是過去世曾相遇過的人或場域，記憶在第八識阿賴耶識之中，因緣會聚又再度憶起。

貳　死後世界的觀點

一、從西方哲學看死後世界

古希臘哲學家畢達哥拉斯認為生命是輪迴、永恆的現象。畢達哥拉斯學認為，一旦死亡降臨，靈魂從肉體分離，便下臨冥府黑地斯的煉獄受苦受難，淨化之後再返回天界，但有些靈魂不能昇天而成了遊魂，繼續在地上彷徨……。靈魂除了人類之外，也必須寄寓在其他動物的肉體上（石上玄一郎，1997）。

蘇格拉底對死後世界持樂觀態度，蘇格拉底在公元前399年，以「莫須有」的罪名被判死刑，但他認為死並非是壞事，而是進入更美好的世界，在那裡，他可以得到公正的判決，可以會見許多古代的賢人。在《費多篇》中，他說：

> 「我將發現在那裡的神聖大師們個個都好得無與倫比。這就是為什麼我一點也不擔憂我死了將會如何，這也是為什麼我對已死者將有事情發生，而好人受惠更勝於壞人這事，具有堅定希望。」（劉見成，2001）

柏拉圖認為：死後有靈魂存在。在《理想國》中，柏拉圖對死後世界有長篇論述。柏拉圖引說一個在戰場上陣亡，但十二天之後復活的士兵伊爾（Er），敘述死後世界靈魂的遭遇：

> 「審判官們坐在洞口之間，死去的人都要按照生前所做的

一切接受審判。正義之人可以進入天上享樂，不正義之人
則必須到地下受苦……，所犯的每一項罪行都要受到十倍
的報應……。」（劉見成，2001）

二、從佛教看死後世界

在西藏《中陰聞教得度密法》（簡稱《度亡經》）中，對死後
的過程有詳細說明。另《西藏生死書》（Sogyal Rinpoche原著，
鄭振煌譯，2000）裡面提到，人的存在分成四種實相：

(一) 此生的「自然」中陰

本階段包含生與死之間的整個過程，是準備死亡唯一而且最好
的時間，其方法就是熟悉教法和穩定修持以迎接死亡，則在死亡中
可得到解脫，而入涅槃境界。

(二) 臨終的「痛苦」中陰

本階段是描述死亡瞬間，靈魂所經驗之事物。此時神識和肉
體分開，但自己的意識仍然存在，故死者常不知自己是生或是死。
同時身體及意念正在分解，從五根失去功能，而進入四大（地、
水、火、風）崩解，之後看到一道光，稱爲「地光明」（Ground
Luminosity）。

(三) 法性的「光明」中陰

此時死者將意識到有一個流動、活潑聲音、光的世界，但這些
聲光皆非客觀存在，都是自己心性所創造出來。會出現一百位「聖
尊」，包括四十二個和平之神及五十八個憤怒之神。

(四) 受生的「業力」中陰

進入「業力中陰」，代表了他必進入六道，走入輪迴中，而此
時靈魂將會得到一個「靈魂的身體」。並獲得不可思議的能力，可
以穿越任何物質的阻礙。也有很好的知覺力，甚至可閱讀別人的心

識。

依據《西藏生死書》描述，中陰時會有種種光，如佛淨土的光，或六道的光，任何聲光色都是心的投射。只有看到佛柔和的光，才可與之融入而得證悟。而六道的光都較暗淡，切勿進入，以免進入六道輪迴之中。

佛經對死後世界的描述，又如《大正新脩大藏經》阿毘曇甘露味雜品第十六的描述：「四有：生有、死有、本有、中有，初生得五陰是謂生有，死時五陰是謂死有，除生死五陰中間是謂本有，死已能到諸趣五陰是謂中有。」也就是說「生有」：出生，眾生生命的開始。「本有」：從出生至死亡之間，眾生一生之生命。「死有」：臨終，眾生一生的生命結束。「中有」：又稱中陰，死與生之間的過渡階段。其他經論如《大正藏》成實論卷、俱舍論記卷對死後世界都有論及。佛教認為「四有」是生命的流轉的過程，生死輪迴不斷，「四有」循環相續，無始無終。

三、從瀕死經驗看死後世界

人死亡以後，還是有可能會跟現世的人互相來往，如死後溝通的生命現象。也有人會在死亡以後，又活回來人間，如瀕死經驗。如果人可以活回來，人死去了以後又經歷了一些事情，這樣不就代表著人的生命，其實不是在死亡以後就終止了，而是有另外一種生命的存在。人的生命不是只有今生今世，而是還有來生，還有死後生命的存在狀態。

有關死後世界的理解，近代瀕死經驗的探討，對探討死後世界有相當的貢獻。瀕死經驗，英文為Near-Death Experience，簡稱NDE。1975年雷蒙‧穆迪（Raymond Moody）在他寫的《來生》（Life after Life）一書中，草創了NDE這個名詞（Raymond A. Moody, 1975）。立花隆（吳陽譯，1998）則認為所謂瀕死體驗是指：「因發生事故或生病而瀕臨死亡邊緣的人，歷經九死一生，得以回復意識後，所訴說的不可思議的印象體驗。」一般而言，即

指：發生在實際或者是已經非常接近死亡當中，我們的意識脫離肉體的清晰經驗。（釋永有、釋覺了，2011）

美國國際瀕死體驗研究會IANDS（International Association for Near-Death Studies）會長林格（Kenneth Ring）則提出瀕死經驗的五階段論（引自陶在樸，1990）：

第一階段：幸福與欣快感。

第二階段：進入脫體狀態（Out of Body），即靈魂出竅，如以第三者的角度看見自己的肉體。

第三階段：進入黑暗或隧道。

第四階段：見到強烈的白光，時空感覺頓失。

第五階段：進入光的世界告別人生。

瀕死經驗是一種普遍的現象。蓋洛普1994年的民調結果顯示，美國大約有1,300萬人經歷過瀕死體驗，約占美國人口的5%。其他地區的研究調查也指出，世界上大約有5%的人口曾經有過不同程度的瀕死經驗（鍾灼輝，2013）。周大觀文教基金會於2001年5月18日至2002年5月18日，發動義工在臺灣街頭訪問，推估臺灣應有12萬人曾有瀕死經驗，與美國比例差不多（依品凡，2003）。所以瀕死經驗案例在世界各地都有發現，而非想像中的罕見。

西方國家真正系統性的研究始於二十世紀的70年代，庫布勒—羅絲（Elisabeth Kübler-Ross）與雷蒙·穆迪（Raymond A. Moody）等學者，是瀕死經驗研究的先鋒。

就國內瀕死經驗研究而言，周大觀文教基金會，於2002年7月成立「臺灣瀕死研究中心」。該中心出版了《重新活回來》。由依品凡執筆（2003），介紹七個具有瀕死經驗的本土個案。他們經歷此體驗後，對生命有很多正向的效應。

精神科醫師林耕新於2001年訪問了34名瀕死患者，研究結果有14人經歷NDE後，100%不再懼怕死亡，58.8%覺得人生觀發生正向改變，35.2%趨向普遍性宗教的傾向（聯合報，2001）。林耕

新（2001）認為：研究顯示所有的瀕死經驗者都有一些「事後的轉變」，可以找到了一股可使生活產生正面改變的力量。

釋永有、簡政軒（2012）發表〈瀕死經驗個案後續效應之研究──以六位本土個案為例〉，發現瀕死經驗對生活態度之影響、瀕死經驗對日常行為之影響、瀕死經驗對前後生死觀之改變、瀕死經驗前後宗教觀之改變、瀕死經驗對超感知能力之影響及瀕死經驗前後調適過程等六個面向來進行分析，結果都有正向的效應產生。

以下摘錄該文中研究參與者體驗瀕死經驗後的覺受：

【個案A】

「以前對事情都不會有很深刻的感受，那在生完病之後對小花、小草很感動，對生命很感動、靈魂變得較有生命、靈魂變活了。像我們去賞鳥，晚上看星星時，……我當場就掉眼淚，我覺得它們和我的靈魂有互動，它們的生命力很旺盛，它們的世界比我們的更先進很多。」

【個案B】

「假如你已瞭解，我是說你真的明白了靈肉分離的那一刻，是一種至樂詳和的轉換過程，假設你知道你將存活下來，那麼請你自問，你還會怕死嗎？應該不會了吧，不是嗎？」

【個案C】

「瀕死經驗帶給我的效應就是無懼，以前比較會擔心死亡這類的問題，若說瀕死經驗者永遠不怕死，而非只是短暫現象，這說法一點也沒錯……。經歷過死亡的人知道即使失去肉體，還是能繼續存活，因此不會憂心死亡再度降臨」

釋永有、釋覺了（2011）發表了〈瀕死經驗與宗教信仰之關

係初探──以四位佛教信徒為例〉一文，研究結果發現：(1)佛教
經典中的相關理論及義理中的中陰身、輪迴觀、十方世界的思想可
以和個案的經歷相互對照。(2)佛教信仰深刻的影響到個案瀕死經
驗之內涵、歷程及後續影響。(3)個案經歷瀕死經驗後也傾向宗教
修持，皈依了佛教。

　　以下摘錄該文研究參與者體驗瀕死經驗後的覺受：

【個案A】
「我那無信我們的觀音菩薩，又後來去皈依，這條命，三
條也不夠，早就往生去呀。真正ㄟ，那次死無去，可能就
是觀音菩薩講「你還要活著，你也有代誌要做。」阿無那
會一次過一次？（臺語）」

【個案B】
「我醒過來我就我爸媽講，我就說我一定要跟如果有去日
本的話，我一定要跟京都的佛祖謝謝他，我這條命是佛祖
救的。」

【個案C】
「應該講說有漏善，因為有求嘛，希望佛菩薩對我加被，
希望佛菩薩給我這些。……（瀕死經驗後）把握自己有限
的生命做一種，應該講說潛力發揮吧！……也許在這一期
的生命當中，我沒有辦法去掌握，應該講說我沒有辦法全
心全意的去掌控吧。但是我希望我透過今生的一些所謂的
修持法門，我能夠對我的來世，更有把握一點。」

　　生命的真相，至古以來不容易用科學來證實，但從宗教上、輪
迴說法、瀕死經驗等，提供了生命不是只有一生一世，死後生命還
會繼續存在的答案。

參　如何對待生命不死的真相

一、為何一再重返人間？

生命會多生多世、累生累世不斷的生死輪轉。我們每一生所經歷的事情，都會跟自己的過去有所關聯。這一生所遇到的人或事物，在前輩子有可能遇見過。而這一生喜歡的事情，跟自己的過去世也可能有關係。因為心裡面喜歡的人事物，不會因為換了一世，就忽然的不喜歡了，人類會不斷的在重複做同樣的事情。

人類的習性、喜好、願望、人際關係都會延續下來，這就是生命在多生多世當中的情形。當一個人要往生的時候，他會想：「我怎麼會這麼早就要離開人間？怎麼不晚一點？我還有很多事情還沒學，還有很多事情要做，沒做完怎麼辦？不然下輩子再來做。」這也是為什麼人總是放不下，一來再來，不斷的來人間的原因。因為人們心中一直牽掛著我要做什麼，我什麼事沒有完成。這就是人的習性。

人類當中有一些人是帶著願望來的，帶著什麼願望呢？一個人若想要來度盡天下人，他就會帶著這個願心一生又一世，一世又一生的來到這個地球上度眾。這也是為什麼一個人若是菩薩心的話，他所發的願通常都是生生世世。如在受菩薩戒的時候說：「我生生世世盡形壽，受持菩薩戒，永不退轉。」所以這樣的願力，維繫著我們的生命，一生一世的延續下來了。這就是為什麼生命不斷的在前進的時候，人會一直想要去做類似的事情。

二、如何讓生命更提升？

人的生命既然是這麼的無常，那麼人在生命不斷的輪轉當中，應該要做些什麼，讓自己的生命更提升上來？

人死亡後去哪裡？有的剛往生的人意識隨處飄盪，渺渺茫茫不知方向。但有的人生前就培訓好了，他們很清楚往哪個方向去。

例如：喜歡念阿彌陀佛的人，心中想著要去阿彌陀佛極樂世界，也期待阿彌陀佛現身來接引。想去東方琉璃世界的人，就會想去藥師佛那裡，希望藥師佛會來接引。但對一些心中無主，不知去哪裡的人，至少心理要很清楚：我要去一個很清淨美好的地方，並請求宇宙間高等智慧生命來接引我。因此，不管有無信仰都可以去美好的地方。

　　這一生又如何讓生命更提升呢？星雲大師（1999）告訴我們如何面對「死亡」，給我們很好的啟發：

(一) 思維四大色身危脆不淨，乃因緣和合，面對世間變化，放下執著。

(二) 思維生死一如，有生必有死，與其抗拒不如用平常心接受，或用修持力解脫。

(三) 思維死亡如出牢獄，解脫身體的枷鎖。

(四) 思維死如喬遷，從破舊的房屋搬到更新的華廈。

(五) 思維死如更衣，更換身體破舊的衣服。

(六) 思維死如出國，可以到西方極樂國土。

(七) 思維死如新陳代謝，更換生命的內涵。

(八) 思維死非結束，而是生命另一段的開始。

(九) 思維佛法僧，心放輕鬆，不起貪戀、恐怖、憤恨。

(十) 思維淨土美景，欣然求去，常居佛國，逍遙自在。

　　由大師的開示，讓我們更能理解生命真相。生命如種子，是不會斷絕、是不死的。死亡沒有第一站也沒有最後一站，死亡只是個轉捩點，是另一個生命的開始，甚至於可以到達佛國的解脫境界或清淨美好的地方，所以死亡是不足為懼。「輪迴」讓我們瞭解：生命既然有過去世現在世未來世，我們就要讓自己的生命在每一世提升上來。

　　對生命真相覺悟後，為了使自己的生命能在「真相」的軌道上前進，在生命的歷程中除了要認識「生命的真相」，也要學習「珍惜自己的生命」。避免或減少遺憾的事情發生，增加行善作為，廣

結善緣，培植福德因緣。朝向生命「眞」、「善」、「美」邁進，讓未來更美好！

參考文獻

John Bowker（1994）。死亡的意義（商戈令譯）。臺北市：正中。

Raymond A. Moody (1975). *Life After Life*. Mockingbird Bookds: Atlanta.

Raymond A. Moody（2012）。死後的世界（林宏濤譯）。臺北市：商周。

Soyal Rinpoche（1998）。西藏生死書（鄭振煌譯）。臺北市：張老師。

大唐三藏法師玄奘奉詔譯。解深密經卷第一、心意識相品第三、大正新脩大藏經，第16冊。No.676、692。

石上玄一郎（1997）。輪迴與轉生（吳村山譯）。臺北市：東大。

立花隆（1998）。瀕死體驗（吳陽譯）。臺北市：方智。頁1。

宋施護譯。大集會正法經（5卷）。大正新脩大藏經。第13冊，No.424。

沙門釋光述。俱舍論記卷第九。分別世品第三之二。大正藏。第41冊，No.1821。

依品凡（2003）。重新活回來。臺北市：遠流。2-13。

明湖南邵陵五臺菴沙門觀衡述。楞嚴經四依解第3卷。國圖善本（D）。第17冊。No.8862、0287a02。

林耕新（2001）。您相信瀕死經驗嗎？瀕死經驗初報。臺灣精神醫學會四十週年慶祝大會暨學術研討會論文摘要集。頁272。

星雲大師（1982）。星雲大師講演集〈佛教對輪迴的看法〉（2016/8/12）。http://www.masterhsingyun.org/article/article.jsp？index=5&item=14&bookid=2c907d49496057d00149bd3b6c2d021b&ch=6&se=0&f=1

星雲大師（1999）。第六冊實用佛教（佛光教科書）。高雄：佛光。171-172。

陶在樸（1999）。理論生死學。臺北市：五南。52-54。

尊者瞿沙造。曹魏代譯失三藏名。阿毘曇甘露味雜品第十六。智品第十一。大正新脩大藏經。第28冊。No.1553、0979a、0974a。

訶梨跋摩造。姚秦三藏鳩摩羅什譯。成實論卷第三。有中陰品第二十四。大正藏。

第32冊。No.1646。

劉見成（2001）。論柏拉圖的死後生命觀及其道德意涵——從蘇格拉底之死探討起。
臺灣：宗教哲學。**7**(1)，35-49。

鍾灼輝（2013）。我死過，所以知道怎麼活：與死神相遇的11分鐘。臺北市：時
報。

釋永有（2001）。前世療法與生死學。現代生死學理論建構學術研討會。南華大
學。

釋永有、簡政軒（2012）。瀕死經驗個案後續效應之研究——以六位本土個案為例。
臺灣：生死學研究，14期，59-92。

釋永有、釋覺了（2011）。瀕死經驗與宗教信仰之關係初探——以四位佛教信徒為
例。臺灣：生死學研究，**11**期，175-214。

釋依昱（2005）。談心說識。高雄：佛光。頁98。

問題與反思

一、何謂生命真相？

二、瞭解生命真相帶給你的感受？

三、離開人間以後你要去哪裡？

四、我今生今世可以為自己留下什麼？

五、我今生今世可以為人類做什麼？

六、我今生今世如何發揮生命力？

延伸閱讀

Raymond A. Moody（2012）。死後的世界（林宏濤譯）。臺北市：商周。

依品凡（2003）。重新活回來。臺北市：遠流。2-13。

星雲大師（1999）。第六冊實用佛教（佛光教科書）。高雄：佛光。171-172。

釋永有、釋覺了（2011）。瀕死經驗與宗教信仰之關係初探——以四位佛教信徒為例。**臺灣：生死學研究**，11期，175-214。

釋永有、簡政軒（2012）。瀕死經驗個案後續效應之研究——以六位本土個案為例。**臺灣：生死學研究**，14期，59-92。

釋依昱（2005）。**談心說識**。高雄：佛光。

第三章

正念靜坐

呂凱文

摘　要

　　正念靜坐最初源自於兩千五百多年前東方古代印度佛教的身心技術，目的在於鍛鍊心智並成就解脫生命苦難的輪迴束縛；它復經當代西方醫學與心理學等的世俗性援用，成為現代人減緩身心疾病情緒壓力的重要課程之一，也是生命教育重要的一環。透過正念靜坐與其相關的背景，本文針對下列內容探討：壹、名詞定義；貳、古典淵源；參、當代發展；肆、主要內容；伍、結語。

壹　名詞定義

　　「正念」與源自於二千五百多年前佛陀教導人們緩解身心壓力的方法相關。其中，「正念」這個詞依照《大念處經》的巴利文是sammā-sati，英文或許也可譯成為right mindfulness或單單mindfulness這個字，意思是正念覺察，亦即對於當下瞬間身心經驗保持開放的、接納的、清楚的覺察。「靜坐」這個詞的巴利文是samādhi，英文通常也譯成為concentration，意思是專注集中，將注意力集中在某一個特定對象或目標上，有時我們習慣稱之為禪定或「正定」（sammā-samādhi）。

　　佛教教導的八正道曾提到，個體生命若要由煩惱轉化為解脫狀態會經過八項互相影響的步驟或過程，亦即：正見、正思維、正語、正業、正命、正精進、正念、正定等八正道。其中，第七與第八項即是正念與正定。正念與正定皆是緩解身心壓力的重要身心技術。

　　目前流行於當代美歐且經常與靜坐結合的正念課程或相關療法有許多種模式與稱呼，除了隨後特別註明外，在此以「正念靜坐」（mindfulness meditation）作為通稱。這類型的課程已經大幅度去除宗教術語與色彩，它運用於世俗性的醫學、心理學、教育學甚至是企業管理學運用，不帶有任何特定宗教的目的。

貳　古典淵源

儘管如此，正念靜坐有其經典依據，它與人類歷史那位釋迦牟尼佛陀密切相關。《大念處經》是所有修習正念靜坐或禪修者會特別研究和實踐的經典，它將佛陀提到解脫的方法與重點講解得很清楚。

佛陀跟當時的修行者說：「有一種法，可以讓眾生清淨，超越愁悲，滅除苦憂，成就正道，體證涅槃之唯一道路（eka-magga），此即四念處。」用現代語言來說：有一種方法、策略和技巧，可以讓人脫離悲苦憂惱的生活，也可以體驗喜悅寧靜的生活方式，這條路是捷徑的道路。若把巴利語佛典的eka-magga翻譯成「唯一的道路」，可解釋為一條簡潔的路，也就是捷徑。四念處，就是解脫生命煩惱的捷徑，最直接了當的方法。《大念處經》提到的四念處，就是對於身體、感受、認知以及現象四種對象保持覺察。其中，身體的觀察就是身念處。把你的注意力放在身體，簡單講就叫做身念處。如果注意力放在行走，那就變成行禪；放在睡覺的躺臥過程，那個叫做臥禪；放在靜坐練習，就稱作禪定。覺察，也就是觀察。

以正念保持覺察，可依下列五個原則：(1)試著覺察當下身心最大的動作；(2)不帶任何批判進行自我覺察；(3)不試圖改變覺察的對象；(4)帶著身體感進行綿密微細的覺察；(5)誠實而不覆藏、不扭曲地面對覺察的內容。

正念靜坐的學習，就是從其中第一種對自己身體的覺察開始。身體的覺察也包含呼吸的觀察在內，巴利佛教聖典與註解書把呼吸看作為身體的延續，用「呼吸身」來解釋身體，解釋呼吸。吸的多深，知道吸得有多深，吸的多淺，知道吸得有多淺；吸的時候是冷、是熱、是涼，都可以體驗與丈量。

四念處的第二個覺察對象是感受。感受，不管是苦還是樂，或只是不苦不樂，都是觀察的對象。苦和樂很重要，痛苦和快樂是驅

動人類行為的兩種基本要素。人類行為背後的動機，基本上是透過苦與樂這兩種要素推動。樂的感受，會驅動人類或生命體從事獲得更多快樂與幸福的行為。苦的感受，會驅使人類或生命體從事某種避免更多痛苦的行為。

　　苦是一種限制與收攝的經驗，也是讓人們探索生命經驗的良方，它能加深人類對於生命經驗的深刻體驗；能徹底覺察苦的現況與存在，生命的解脫才有可能達成。樂是一種舒適與擴張的經驗，樂是推動人類行為的重要要素。做一件事情，如果不是為了追求快樂，這件事情鐵定不會有太多人去做。

　　四念處的第三個覺察對象是心。心，當下是高還是低，是喜悅、寧靜還是煩惱？邀請自己覺察清楚。心，當下是貪的、還是瞋的，離瞋的心與瞋心有什麼差別呢？邀請自己隨時觀察與品嚐。人類的生活行為模式當中，哪個時候比較能夠觀察自己心的變化呢？貪愛慾求的時候容易觀察，還是生氣瞋恨的時候容易觀察呢？邀請自己細細覺察。

　　瞋心帶來的身心變化明顯度，比貪心更明顯。雖然因人而異，程度也不同，一般傾向是如此。貪愛像是潛在的意識流，有時會帶著微微快感的樂受，藏得很深而不易發覺。相較下瞋就很明顯，一旦當下覺察瞋念產生，會發現身心彷彿經歷某種鋸齒狀東西的折磨，帶著抗拒、帶著不舒服的感受，這裡的鋸齒狀是一種象徵的形容詞。

　　人類的感官能力很奧妙，即使人們用有相同的感覺器官，但主觀感覺未必相同，甚至少部分具備特別感官能力，能看到空中的數字，能聽到說話的顏色，這是一種內在感官互相連結並用的徵狀。徵狀不是病狀，而是一種特殊的存在狀態。

　　瞋和貪是相對的概念，這僅是知識。唯有透過正念覺察，徹底體驗身心遭逢貪心與瞋心所帶來的種種微細變化，才能真正看清楚這些心念對於自己人格、人際關係與命運等的影響。試著體驗看看，什麼是貪，什麼是瞋？用具象的語詞描述，瞋，像鐮刀，也像

隻利刺張滿的刺蝟或塊炙熱的火炭，不管怎麼碰都會疼痛與燒灼。貪，有點像咬人貓，小小植物沾上就很難拔下來，它也像強力膠，黏上去怎麼洗都洗不掉，強力拉開來還會帶著黏絲纏繞，久久不能暫離，類似這樣的感受。

　　四念處的第四個是法念處，以「法」爲覺察的對象。法的內涵很廣泛，簡單言之，凡是身心的存在狀態皆是法，包含人類認識世間的認識能力、認識的對象、認識到的經驗內容等皆是。法念處包含眼、耳、鼻、舌、身、意等六種感官（六根）、與其所對應的色、聲、香、味、觸、法等六種對象，以及認識過程中的意識活動等的觀察。提到這些並非想要讓讀者成爲學術研究的老學究，只是要讓讀者知道，四念處有經典依據。練習時，若有不明白，回到經典多加體會將有幫助。

 當代發展

一、當代西方的正念減壓

　　正念靜坐受到當代西方國家重視，可從幾處觀察。首先，從1970年代以降，經過美國研究人員研究發現正念靜坐可以降低人類壓力與提升免疫力，這些科學證據已逐漸獲得西方國家的認同，其中2014年2月3日的《時代》雜誌以「正念革命」作爲封面主題，顯示正念靜坐正處於美國正念風潮的最高峰，且目前仍在持續中。

　　其次，有鑑於科學實效證據已肯定正念靜坐能減緩身心壓力，英國政府從預防醫學角度觀察到，推廣正念靜坐課程還能避免國民對於高額醫療健保的過度依賴，因此也於2014年開始同將正念靜坐相關療法納健保給付制度中。另外，英國政府在公立中小學學生推動正念靜坐，從小開始進行正念教育提升品德，幫助學生培養專注、自我覺察與紓解壓力的能力，這顯示正念靜坐眞實受到重

視西方國家重視。目前在英國、紐西蘭、澳洲、美國等很多大學，包括牛津大學、哈佛大學，亦已正式成立推廣中心或訂定課程讓師生修習。

　　依據個人觀察，2007年之前，雖然臺灣各級學校開設正念靜坐課程者並不多，但是社會各地並不缺乏正念靜坐課程，例如：上座部佛教、內觀中心或本地既有的正念禪修學會已在這塊土地駐足多時。1987年臺灣解嚴前後，已有佛教徒持續將南傳佛教的正念教學引入臺灣，甚至2002年左右也曾有心理學家嘗試將正念課程帶進臺灣。然而，現在所談的正念靜坐爲何在這幾年內如此地被凸顯呢？這股風潮或許是因爲當代正念學是從美國開始發展、受到重視、風行國際，直至2010年再輾轉傳到臺灣所致。

　　當代的正念靜坐課程可說興起於美國的1970年代，最著名的代表爲卡巴金博士。他是分子生物學博士，學習正念的淵源是在東亞日本的禪宗系統，年輕時學過佛教禪定的方法，對哈達瑜伽也特別喜好，在學習中獲得不少利益與安樂。卡巴金取得學位並在醫院工作後，想把禪修方法與瑜伽當成輔助性療法，帶給那些正規醫療體制外無法照顧的患者。這個想法源自於醫院工作時看到許多患者在受苦，有些患者接受開刀、儀器與藥物治療後，還是無法徹底解決病痛與身心壓力，基於憐憫與同情心，他在醫院的體制內設立減壓課程協助這些病患。然而最初的阻力在所難免，當代主流醫學以科學經驗檢證的生物學爲基礎，若要接受缺乏科學經驗論據的療法作爲輔助療法，勢必會招致許多意見。畢竟美國的主流文化是基督文化，對非白人的文化雖表示尊重，但是要完全接受卻是不容易。

　　許多病患學習正念靜坐後，即使身體病苦還在或略爲減輕，但是內心壓力、恐懼與恐慌明顯減少許多，生命品質的確獲得改善。當經驗科學的效度實證後，正念靜坐逐漸受到重視。相關心理學、醫學、腦神經科學或生物科學，也紛紛把正念靜坐相關方法結合在各自專業領域。1979年正式在麻省大學醫學中心附設「正念減壓」（MBSR, Mindfulness based Stress Reduction）門診可視爲西

方正念靜坐運動的肇始。

　　西方人士將正念學原先的宗教語言與深度做了相當程度調整，大幅度地運用去宗教化與日常生活化的詮釋策略，將佛陀提到的「苦」解釋爲壓力，以適應西方社會文化，這也是正念靜坐風潮能盛行於西方國家的原因之一。然而，正念靜坐的「去宗教化」並非隱藏正念源自佛教的事實，它所強調的是：正念的培養無關宗教信仰，練習正念靜坐不需成爲佛教徒，課程進行也沒有宗教的信仰、儀式的成分。

　　正念靜坐在世俗化、科學化、經驗實證化的詮釋過程中，人們並不需要成爲佛教徒或依循特定宗教儀式也能蒙受其利益。另外，不同文化背景、不同宗教背景人也都可以參與且運用正念於各自生活脈絡。例如：英國「正念認知療法」（MBCT）創辦人之一的威廉即使身爲基督徒，他將正念與認知心理學緊密結合作爲預防憂鬱症復發的心理學療法。此外，美國、加拿大以至於廣義的西方也發展出許多正念療法，包括辯證行爲療法等也在美國、加拿大、英國、德國等處產生。正念在美國的帶領並不是一枝獨秀，而是有各自的分支也慢慢地出現。

　　隨著正念靜坐取得實效，許多醫學單位也同時進行臨床研究。除了慢性疾病、偏頭痛、肩頸痠痛、皮膚病、乳癌或愛滋病等疾病壓力的減緩外，正念靜坐課程也被規劃與運用於恐慌症、強迫症、憂鬱症或邊緣性人格等心理症狀的治療。這些治療的成果也發表在著名的期刊上，以至於近十年來研究正念的論文大幅增長。

　　在企業訓練方面，許多研究成果顯示，學過正念靜坐的企業員工，腦部的免疫抗體會增強，對情緒控管較有幫助。人類的腦部是很複雜的結構，跟情緒有關的是杏仁核，杏仁核擴大時的抗壓情緒較弱，當杏仁核縮小時，情緒較能控管，抗壓力較大，對環境的驟變較能接納，這都是學習正念的好處。正念靜坐的良好效應所及，一些治療癌症的醫學機構、監獄單位、心理諮商機構也在把正念慢慢納入培訓課程當中。

二、三種同心圓的正念學類型

比較而言，當代西方流行的正念靜坐課程重視「自我」，目的在於世俗性的減壓，以及獲得世俗目的的成就，這與東方古代印度佛教的出世間目的略有不同。在此，適度將正念學進行分類有助於我們更整全的瞭解。

如同蓮花多層次的光澤與色暈，正念學的多層次圖像中可以略分為三層結構，分別是：中間核心層的「出世間正念學」、第二層的「世間正念學」、第三層的「世俗正念學」。

正念學同心圓的第一層結構是以解脫為終生職志、邁向解脫道的出世間正念學教導。南傳上座部佛教正念學禪法屬於這層脈絡，不論是緬甸馬哈西、帕奧禪師或泰國阿姜查為代表的森林禪修系統皆屬於這一層，它配合佛教繁瑣戒律輔助倫理行為，應機於以解脫為職志的出家僧侶。這是一種純粹導向解脫的出世間正念學，不過卻未必全然應機於其他兩層生活於世俗身分的人士。

至於當代西方以卡巴金博士為始的各種正念靜坐課程，包括正念減壓（MBSR）、正念認知療法（MBCT）、辯證行為療法（DBT），接納承諾療法（ACT）等幾百種的正念學，或可歸屬於正念學同心圓最外環第三層的應用。它們摻入各自文化語境的元素，雖然帶著正念學稀釋後法味，卻以不具佛教色彩但迎合當代世俗理念的方式呈現。這是一種世俗正念學。

這幾年逐漸在南華大學宗教學研究所與臺灣正念學學會為基地所發展的正念療育學（MBST, Mindfulness based Suffering Therapy），可以視為是正念學同心圓的第二層結構。它們介於佛教核心（解脫）與世間外環（世俗）之間的中間地帶，同時帶著解脫與世俗的特質。它們可以導向解脫成就，也可以導向世俗成就。這是世間正念學的代表。依中道原則而擇法的思考，即是中間層「正念療育學」的特色。它不離解脫，亦不離於世俗，行於中道，聖俗共融。

肆　主要內容

　　一般而言，包括前述三種類型的正念學在內，不論何種類型的正念靜坐都會涉及到下列常見的內容。這些方法包括身體掃描法，或所謂的漸進式放鬆法，也包含食禪、行禪、坐禪、臥禪、慈心禪、森林想與正念瑜珈等傳統宗教用來開發智慧、減輕煩惱壓力的身心技巧。另外，正念日記的撰寫也是其中之一，將生活當中種種的身心觸境的體驗寫下來，培養專注力、覺察力與化解煩惱的能力。以下略述幾項：

一、身體掃描

　　身體掃描是沿用1950、1960年代美國行為科學家的方法，甚至可追溯到更早期的傳統，它是一種帶著覺察的漸進式放鬆法，將注意力放在身體的各部位並逐次放鬆。從頭到腳或從腳到頭，也可以；從左手到右手，也可以。選擇身體的某部分，讓它逐次放鬆。或者在語言引導的過程當中，逐漸讓它放鬆。

　　身體掃描練習時，可坐可躺亦可臥，不限於何種特定姿勢。順序可以從腳趾開始放鬆一直到頭頂，或從頭頂放鬆到腳底。個人教學經驗中，一些年紀較長的學員，都有吃藥控制高血壓的現象，從頭部開始放鬆到腳部，當注意力慢慢放到腳時，帶來的身體放鬆感會更舒服。

二、食禪

　　食禪是一種把飲食動作分段觀察的練習。飲食過程中，邀請自己細細體驗與觀察身體、感受、想法等能夠觀察到的微細變化。也邀請自己帶著覺察緩緩慢慢地透過五感，亦即透過視覺、聽覺、嗅覺、味覺、觸覺去看、聽、聞、嚐、接觸日常生活的食物。以取用一塊巧克力為例。請仔細觀察手部拿取食物的過程。試著看看自己是怎麼用手拿取桌面上的巧克力，也許以前只是一秒鐘就能搞定的

動作，現在請以1到2分鐘的時間觀察。

　　觀察內容如下：從自己把放在腳上的某隻手，緩緩提起來、緩緩伸出去、緩緩放到桌面、緩緩碰到巧克力、緩緩地張開食指與拇指，再緩緩地將食指與拇指輕輕扣住巧克力、緩緩提起來、緩緩轉過來、緩緩看一看、緩緩捏一捏，再緩緩地放回到桌面。這整個動作請用3到5分鐘以上來做看看，動作放愈慢愈好，覺察愈仔細愈敏銳愈好。

　　整個動作的過程當中，邀請自己仔細觀察：第一、手部動作變化有哪些被你觀察到？第二、感受、你的情緒有哪些變化被你觀察到？第三、你有哪些認知、想法及念頭在這3到5分鐘中被你觀察到？邀請自己把這些東西看清楚。

三、行禪

　　行禪，是早期佛教僧人每天都會練習的課程，當代的正念靜坐課程也是一樣。一般走路與正念行禪不太一樣，沒有正念的走路，思緒會盤繞在過去的記憶，或沒有處理完的事情或人物，以及愉快或不愉快的關係。念頭與想法像是洗衣槽一樣，不停的轉啊轉。從甲地到乙地，腦袋停留在過去記憶或投射在未來當中，揮之不去。正念會邀請念頭回到身體，享受當下。

　　行禪的過程當中，一開始會邀請觀察走路的姿勢與細微的動作，走的時候知道走，停的時候知道停，知道左腳的舉、提、踩、踏，知道右腳的舉、提、踩、踏，這都是很微細的觀察。即使是定點後的轉彎，也能清楚觀察到左轉或右轉的所有動作。

四、靜坐

　　正念靜坐時，建議將注意力放在呼吸深淺出入，或者腹部起伏，或者鼻端觸點冷熱等的覺察。正念靜坐是每天的定課，如果每天可以靜坐45分鐘，會有很好的收穫。每天45分鐘的正念靜坐練習像是保溫杯，進禪堂像是燒開水。若每天能練習靜坐，則念力帶

動的定力宛如獲得良好保溫般，一旦進入禪堂專修，所累積的持續性定力可以獲得比較深的智慧覺察。

特別鼓勵使用腹式呼吸，腹式呼吸比橫膈膜的胸式呼吸有較大好處。每天找時間深層的練習腹式呼吸，會發現生活都會非常如意。有些工作者如舞蹈家、聲樂家、氣功師……都非常瞭解腹式呼吸的好處。吸的時候，下腹部像皮球一樣漲起來，呼氣時，下腹部收縮。觀察腹部的起伏是馬哈希系統特別強調的禪法，觀察腹部的起伏，能收攝心神，沒事時都可以把注意力放在腹部的起與伏。不過，重點不是對象，而是覺察的本身。

靜坐時建議採取不動姿，以最莊嚴的姿勢坐好。保持不動可以觀察內心或身體最大的動。何謂最大的動？當保持不動時，呼吸就是當下身體最大的動作；當身體不動時，癢、冷暖感受就是最大的動。若能持續觀察，覺察的敏銳度會增加。對身體的念處覺察若很深刻，相對地受念處、心念處也會增加覺察度，這是互相緣起及趁透的覺察方法，也是扭轉命運與性格的方法。

五、慈心禪

除了每天45分鐘的正念靜坐練習之外，其他非形式性的練習都屬於正念練習範圍。讀書、刷牙、整理環境時都可以依據前述提到的正念覺察五原則，練習生活中的正念覺察。慈心禪是正念靜坐課程很重要的教導，它的內容可以溯及南傳佛教的《慈經》（*Metta Sutta*）。

慈心禪可以先從祝福自己喜悅快樂開始，慢慢把慈心擴散到爸爸、媽媽、兄弟姊妹、敬愛的師長與朋友；接著祝福朋友、同事、路人，之後再擴大更遠的祝福所有的存在與眾生，一層層的擴散出去。慈心禪的練習可以和諧人我關係，也能解消內心恐懼不安等的煩惱情緒，其實效功用已被經驗科學的臨床研究證實。

六、正念瑜珈

　　正念瑜伽最初是針對醫院病患而設計。病患的身體健康受損，行動不方便，若單純的靜坐，運動量是不夠的。為了柔軟及強化骨骼肌肉為目的，當代西方正念療法將哈達瑜伽帶進來，增加運動量與身體柔軟度。正念瑜珈的重點，不在於瑜珈動作的難易度，而在覺察本身，以及觀察每個肢體動作變化的細節，清清楚楚的覺察。正念學得好，平常的行住坐臥都在覺察的觀照，包括眼睛動作、頭的擺動、刷牙時手部或舌頭的擺動，都可以覺察很清楚。為了強化身體健康為目的，瑜伽運動是很不錯的，幫我們把緊繃的身體拉拉筋骨好好舒展開來。

七、正念日記

　　一開始寫正念日記，並沒有任何寫作格式的設限，儘量發揮你的創意寫作即可。一開始養成覺察的習慣，養成自我覺察並記錄的習慣會有幫助。不過，正念日記的寫作還是有目標、有方法、有方向，而這個方向其實是跟古典正念學的七覺支的解脫方法結合在一起。建議先不設限，試著自己寫看看，等到習慣每天寫正念日記，習慣將觀察到的身心現象記錄下來，這樣練習大概6至7週後，我們再深入談談正念日記的細節內容會比較適合。因為那時候，你所觀察到的身體的現象會比較豐富，它的深度也會比較夠。前提是，一定要先做練習、做觀察、寫日記記錄種種身心經歷到的微細變化，這個很重要。

　　事實上，一般人對自己身心經歷的經驗與現象大部分都是選擇性的注意。注意力放在哪裡，我們的生活品質就被決定在那裡。因為注意力這種特性，人們的目光很容易被特定的對象給拉走了，所謂的「奪目」就是這種情況的最佳形容，眼睛的注意力整個都被奪走了，以至於我們可能會把其他隱藏在那個對象後面的某種重要意義的現象給忽略。正念日記的寫作，正是為了針對前述覺察力不足

而研發出來的強化技術。

　　邀請自己試著放慢速度，持續仔細覺察身體整體或局部的微細動作，總會發現有些非語言的微細訊息正在產生。能夠好好培養這種覺察力，它會從身體行為的觀察，進而滲透至感受、想法、認知與念頭的觀察。持續練習這種覺察，我們會對自己的慣性行為與思考會愈來愈瞭解，對於整個煩惱苦難產生的集起歷程，也會愈來愈明瞭。

伍　結語

　　如果生命教育是一顆蘋果，則正念靜坐則是這顆蘋果的核心，它的內涵是覺察與慈悲。如果生命像大海，有時平靜、有時波濤洶湧，則正念靜坐像是大海深層寧靜的洋流，不受到海平面種種變化與影響。然而正念靜坐不是要改變世界，而是要改變自己，任何想改變別人的想法都是暴力。當自己在世間寧靜時，外在世間也會寧靜，內心喜悅時，外在世間也喜悅。每天給自己一個小時的正念覺察練習，或靜坐或食禪或行禪，都能為生命帶來寧靜與喜悅的效益。

參考文獻

大念處經，CBETA電子佛典集成。網址請參見

　　http://tripitaka.cbeta.org/W05n0048_001 (retrieved 2016/08/23)。

呂凱文（2015）。正念療育的實踐與理論。嘉義：台灣正念學學會。

美國時代雜誌，（美國時代雜誌社，2014年2月號）。封面報導正念風潮，網址

　　請參見：http://time.com/1556/the-mindful-revolution/#ixzz2rEDuApzc (retrieved 2016/08/23)。

問題與反思

一、你是否能回答正念是什麼？它能幫忙什麼嗎？

二、請練習正念靜坐半小時到一小時，試著回到身體的感受，比較正念靜坐前與正念靜坐後，身體與心理有哪一些微細變化呢？

三、你認為正念與正向心理學有何差異呢？試就目前能蒐集到的資料或曾接受過的課程練習說明。

四、試就你理解範圍，比較東方古典正念學與當代西方正念學的同異。

延伸閱讀

一行禪師（2004）。正念奇蹟：每日的禪修手冊。臺北市：橡樹林。

卡巴金（2008）。當下，繁花盛開。臺北市：心靈工坊。

馬克·威廉斯（2012）。正念：八週靜心計畫，找回心的喜悅。臺北市：天下文化。

喜戒禪師（2005）。正念的四個練習。臺北市：橡樹林。

第四章

青少年自我傷害防制

王枝燦

摘　要

　　自我傷害行為在青少年中已成為一種高比例的行為，包括教師、家長與輔導人員，都應該要瞭解青少年身心發展狀態及其自我傷害者的可能特徵，並提供青少年適度的協助，本文透過青少年身心狀態、及所處情境進行描述，並提供家長、老師平時與青少年相處方式，對青少年自我傷害提出預防與處置建議。

壹　高比例青少年曾自我傷害

　　臺灣的青少年們想不開嗎？以下引述2013年中廣新聞網媒體報導，亞洲大學心理系與成功大學行為醫學所合作進行的一項「國中生自我傷害」研究，該研究在1,496份有效問卷調查中顯示，國中生過去一年自我傷害的盛行率高達24.5%；其中，傷害自己時希望結束自己生命的人占38.14%，該調查中也指出國中生最常用的二種自傷方法是用刀割傷自己（44.79%）與槌撞牆（27.89%）。看到這樣的數據，讓身為老師與家長的我們是非常怵目驚心，為何正值青春歲月，即將展開邁向成年旅途的青少年，為何要採取自我傷害行為？

　　在談青少年自我傷害行為之前，我們必須先來區分「自我傷害」與「自殺」這兩個名詞。早期在學者的研究中，往往是將「自我傷害」與「自殺」這兩個名詞彼此交互使用，也因而容易使一般社會大眾會認為這些行為本質都是一樣的。雖然有些人會是曾有自殺同時也曾有自我傷害等兩種類型行為（Guertin et al., 2001; Hurry, 2000）。但我們如果仔細進一步去區分自殺與自我傷害這兩項行為，他們的行為背後的動機其實並不相同。自我傷害是刻意的，直接的造成對於身體的傷害行為的目不是想要造成死亡的結果。兩者之間最簡單的辨識方式便是，自殺者有死亡的意圖，自我傷害者則沒有（陳毓文，2006）。

　　雖然學者研究在名詞概念上，往往是探以動機不同，將二者區分，但在具體實際可能產生的後果上，我們還是可以將自殺行為視為是最嚴重的自我傷害行為，或者是自我傷害部分行為結果是有可能會導致青少年生命結束。

　　在國外的研究資料顯示，自我傷害行為特別容易在青少年族群發生（Briere & Gil, 1998）。當自我傷害議題在社會上頻頻發生，無論父母、學生或師長在面對自我傷害行為，經常是會產生心理壓力的，也常常不知道該怎麼去談自我傷害的話題，也不知道該如何處理如果青少年有這類行為的意圖時。本章希望能透過介紹對青少年的自我傷害行為與發展上的特殊性，給家長、教育與輔導工作者有進一步的認識，也讓大家一起來防範我們的青少年自我傷害行為。

　　首先，我們探討青少年的自我傷害類型，大家一起對自我傷害行為有初步輪廓的認識。常見的自我傷害行為類型，如果依據教育部2001年校園自我傷害防制手冊之定義：自我傷害（self-destruction, self-damage）：

　　一、廣義的自我傷害包括自殺、企圖自殺，以及以任何方式傷害自己身心健康的行為。

　　二、狹義的自我傷害僅指稱以任何方式傷害自己的身心健康，但該個體並沒有結束自己生命的清楚意願。這類的行為如：重複地拔自己的頭髮，以頭撞牆、咬傷自己、割傷自己等。

　　而青少年自我傷害行為相較自殺行為的實際發生比例是明顯高出許多的。同時從前述定義中我們可以知道，當青少年如果採取自我傷害行為時，此行為後果輕則當事人身心受傷害，嚴重者可能會犧牲青少年自己的寶貴生命。在如此高的青少年自我傷害盛行率下，身為老師、家長與輔導工作者，可以一起來做些什麼呢？要瞭解青少年的自我傷害行為，我們可能得從青少年的身心狀態發展與情境可能面臨問題作為出發，來看看這個階段，他們面臨哪些問題，以及有哪些是這個發展階段的特殊性。

貳 青少年的身心處境

一、青少年發展階段正身處狂飆期

青少年階段的劃分，大部分的學者通常按照個體的生理、認知與社會發展青少年階段的特殊性與社會發展程度，而將之區分為青少年初期（約10至14歲）、中期（約15至17歲）與晚期（約18至20歲）等三階段，而初期（通常是我們一般所稱的青春期）因正逢身體急遽成長與改變，往往也較常發生有關生活適應上的問題（吳明燁，1998）。而青少年是人生的發展重要階段，此時期是介於兒童與成年之間，是處於成長中邁向成年的階段，父母對其影響力在此時期亦漸漸減弱。青少年時期可以說是個體人格由幼年邁向成年的一種快速狂飆期（王枝燦，2001）。

社會心理學家Erikson（1968）將人的生命歷程分為八個階段，每個階段皆有其發展目標與發展困境。Erikson提出此時期（年齡約12至18歲）的青少年，正面臨自我認同與角色混淆危機，青少年階段正在發展自我觀念與尋求肯定，兒童時期自我認同已經不再適合身體與心理各方面快速成長的青少年。此階段自我認同危機來自自身角色的混淆，青少年初期的青少年面臨的是既非成人也不是兒童的身分地位過渡階段。必須開始學習成人獨立自主的生活方式，但又無法在無父母協助的方式下獨立生活。

Coleman（1981）認為青少年在面對生理發展的急速變化，且處於多變的社會及自己多樣的情緒狀態下，迫使青少年必須因應新的經驗，不確定感與懷疑加大時，是非常需有他人的支持。因此，在自我認同和身體、生理轉變的同時，青少年開始轉而發展較深入的友伴關係，青少年漸漸花較少的時間與父母相處，也比較不需要父母的注意，而是親密朋友的需求開始增加（Adams & Gullotta, 1989; Kimmel & Wiener, 1995）。

青少年由於身心變化的影響、認知能力與意識水準的提高等

因素、情緒表現的特徵逐漸不同於兒童期，學者稱之「情緒風暴期」，有些學者以「情緒高昂」來形容。負面情緒出現頻繁因敏感多疑，常因小事引發其激動的情緒，如生氣、怨恨、焦慮、煩惱、嫉妒、沮喪及悲傷。青少年開始有強烈的自我意識，十分在意同儕的評價。因此也常常採取壓抑或隱藏情緒的行為模式，以符合同儕或師長的期望。

二、他們易處在「自我中心」狀態

「自我中心」是一種個人對他人或事物的認知態度的發展，是認知發展上消極性的副產品，但可提供我們做為認知層面與情意、感情、動機層面之探討的橋梁，可溝通認知結構的研究與人格動力的探索。青少年自我中心狀態主要有兩個明顯的相關特徵：分別為「想像觀眾」及「個人不朽」。

(一) 想像觀眾

指青少年期因生理和心理在短期內產生極大的變化，使得他們的心神被自己身心變化所困，而把自己的外貌、特徵認為比什麼都重要，因此在其腦袋中會認為別人都在注意他，臉上的一顆青春痘，可能都會變成一件天塌下來的大事。

(二) 個人不朽

青少年會認為自己是無敵的、不可毀滅的，因此，他總是認為自己有無限的能力，就像永生不死一般，任何事都難不倒他，尤其是對帶有毀滅性結局的關鍵情境（例如：死亡、車禍、懷孕、毒癮等）的判斷，都認為自己是與眾不同的、永遠是幸運的，不願防範未然或總是冒險行之，也高估了自己能夠處理危險情境的能力，因此，容易導致憾事發生。

這兩種狀態的青少年容易過度將焦點放在自己身上，也因此容易承受許多壓力，在外顯行為上也勇於冒險犯難，因此會容易發生憾事。適度引導青少年在此階段注意自己的可能外在風險，且將注

意力與過剩的體力精力，投注到正當休閒活動，將有助於青少年避免自我陷入外在環境危險。

三、學業競爭與升學

《蘋果日報》（2015.4.28）報導：北市一名高二男學生前天在家上吊身亡，留下四封遺書自認書念不好、什麼事都做不好，「從一出生就注定了失敗」、「是一個瑕疵品」，讓家屬難過不已；同一則新聞報導中，嘉義縣則有國二男學生疑被家人碎念「成績好像退步了」，留遺書說「成績害了我」並上吊自殺。課業壓力也是此階段學生必須面對的問題之一，當無法適度調解課業帶來的壓力，部分青少年也因此會陷入自我傷害的危險情境。課業與升學壓力是家長老師可以關注青少年的適應狀態，本文後面會提示相關自我傷害行為外顯特徵，可供家長老師多留心學生與子女。

四、青少年主要人格特質

(一) 獨立自主需求性高

成長階段的青少年渴望脫離家庭的束縛，尋求獨立、自主與個人隱私。將焦點從父母轉移到同儕朋友身上，渴望自由、渴望擁有個人生活空間。

(二) 反抗意識增強

青少年期是兒童邁向成人的過渡階段，因正處於自我概念的統整時期，開始質疑父母或師長灌輸的傳統觀念。加上新觀念或價值觀未能獲得認可與實現，極易造成在語言、行為上產生辯駁或反抗。

(三) 自我價值體系產生衝突

青少年開始覺察到成人行為與其闡述的價值觀有明顯落差，造成青少年價值間的矛盾與衝突，因此開始重新評價與定位價值觀或道德認知，而以自己認為合理的行為準則與價值觀做依據。

(四) 行為表現呈兩極化

青少年在邁向成人的過程中，一方面想擺脫兒童的稚氣和依賴，一方面又因自我意識強烈欠缺協調性，加上身體內分泌的變化，使情緒擺盪在興奮、快樂、憤怒、沮喪等正負兩極化中。

(五) 心理對異性產生愛慕之情

青春期後進入成人性機能成熟階段，有被愛、被接納與被瞭解的需求。心理上開始對異性產生愛慕，進而展開追求。

這些前述的人格狀態，因此會容易讓青少年與周圍人際系統發生衝突與挫折。如未能重視其發展特殊性，難以適時提供協助。

五、現代家庭的變動性高

伴隨著社會變遷，近年來臺灣的家庭人口組成在老年人口增加、幼年人口減少的同時，家庭結構與型態上都趨向多元，其中包括單親家庭隨著離婚率上升而增加。根據內政部統計，臺灣地區2015年的離婚率為每千人2.28對，全年離婚夫妻多達5萬3,459對，較十年前增加20,101對（內政部戶政司統計通報，2015）。顯示當下現代臺灣社會的家庭結構逐漸呈現多元不穩定的狀況下。如果所處的家庭正面功能無法發揮，將造成失功能家庭，家庭失功能的狀態及對少年的心理狀態影響甚大。就家庭系統論觀點而言，家庭系統中的基於系統目標，內部次系統彼此相互關聯，並與外在環境維持平衡與發展。家庭系統論以整體家庭目標為核心，因而家庭成員乃共享資源分配（Whitchurch & Constanine, 1993）。藉由家庭整體資源共享來回應外在系統之互動。故以家庭系統而言，如家庭內部某一次系統發生狀況，則家庭系統內之次系統之間彼此必然產生相互之影響。例如：當夫妻次系統發生問題時，必然會影響子女次系統之運作，另言之，當家庭發生重大事件變化與衝擊（例如：離婚、父親失業、喪親……重大家庭事件），必然對於子女之生活適應與發展產生影響。而這些事件是現代社會家庭經常遭遇的問題。

　　由前述青少年因階段特性，自身身體與心理發展狀態下，又易處在充滿高壓或變動的環境中，如果沒有適度自我調適能力或其他協助者適時的引導，易創造產生自我傷害行為的壓力源與導火線。處在青少年周遭的我們這些大人，我們可以怎麼做？那就必須對青少年自我傷害的原因與外顯特徵有所辨識。

參　自我傷害者的原因與外顯特徵辨識

一、為什麼他／她要自我傷害

　　前面我們已經提到，此階段青少年身心較為敏感，且處在升學與外在社會環境高變動的社會下。在其階段，青少年日常生態系統不外乎就是家庭與學校，當遭遇困境與不順遂時，難免會萌生自我傷害念頭或作為，特別是在這樣敏感矛盾的身心發展階段下。在生活中總是會有使個人產生緊張情緒的事件發生。個人的生活緊張來自於與他人或環境所產生的負向關係，進而使其產生負向情緒，而此負向情緒可能會迫使個人產生壓力，或採用偏差行為來解決問題、宣洩情緒以及自我傷害等。青少年會自我傷害可能的原因：

　　根據實務上的經驗我們發現，常見青少年會藉自我傷害行為，來達成以下四種功能：

(一) 發洩情緒、抒發壓力

　　在與實際相處有自我傷害行為的青少年互動中，他們表示自我傷害能讓其不滿、不舒服的情緒感受，有所宣洩的效果。

(二) 證明自己的存在、可不被他人控制

　　青少年有時會想藉由自我傷害行為過程，造成身體疼痛、不舒服與痛苦，喚起自身生命存在感。

(三) 作為溝通或威脅手段

透過自我傷害期待能引起相關者的關心或認為那是對那些人的一種報復與懲罰。

(四) 偏差次文化

部分青少年將自我傷害視為是一種跟上流行的顯酷行為，實屬偏差次文化的內部價值與規範所致。

二、自我傷害的青少年之外顯特徵

在實務工作上我們也歸納出，青少年會自我傷害時，可能存在的特徵如下，青少年的自我傷害並非是完全無可預防的：

(一) 語言線索

青少年在日常生活中，開始在語言中，表現出想死的念頭，這邊我們指的語言線索包含：青少年是有可能直接用說話的表示來表達，但也有可能在作文、日記、其他書寫之中表現出來。例如：「沒有人關心我的死活」、「如果我不存在，事情會好些」、「真希望我死了」。在網路社會中，社群軟體（例如：臉書、推特）的發文，也都可能在日常文字、語言中有蛛絲馬跡。

(二) 行為上的線索

突然的、明顯的出現與過去有不同或改變。例如：平日個性安靜的學生變多話，活潑的學生卻變得沉默、人際退縮。或者有學生突然的課堂表現成績大幅滑落、上課開始缺席、遲到早退或愛打瞌睡。也有在行為上開始出現，放棄個人擁有的財產或物品行為。例如：將心愛東西送給別人，甚至丟掉。亦或者發現青少年有開始服用禁藥、增加喝酒量與抽菸的等問題行為。也有部分青少年會表現出對環境的適應不良狀況，並因以難適應而失去自我的信心，甚至覺得表現出自己沒有辦法、無能為力的狀態。

(三) 環境上的線索

我們可從以下幾方面來留心觀察：是否青少年在生活上遇到重要人際關係的結束。例如：男、女朋友分手、要好的朋友分開、雙親離婚或死亡等生命重大事件。或者家庭內是否發生大變動，如財務困難、搬家，此類環境上的線索，大都是在青少年兩、三週內所發生的與其相關的重大事件為主。

(四) 綜合線索

此概念也就是說，在青少年生活中同時存有上述各類線索，例如：人際上開始退縮、上課表現缺乏學習興趣、個性突然轉變或開始有語言上的異常訊息出現等綜合表現，其自我傷害行為的比例發生機率也會比較大。

肆 陪伴少年，你、我、他——我們可以怎麼做

一、與青少年相處的建議

預防勝於後續處理，平日相處避免青少年有自我傷害行為，為最重要的一個關鍵。青少年的階段如此敏感且脆弱，周遭的大人們，我們如何與之相處？要減少青少年產生負面情緒，如何與之溝通便顯得特別重要。簡單說，溝通包含聽與說，以下本文分享聽與說的技巧，提供給每一位與青少年相處的大人們參考：

(一) 「聽」是溝通中重要的功課
1. 先聽再說。
2. 確實做到「聽到」、「聽完」與「聽懂」。
3. 積極傾聽。
4. 注意非口語行為，「副語言」與「非語言」。副語言包含口氣、音調高低、音量大小。非語言則包括了肢體、表情，語言以外的其他線索。

（二）「說」的原則與技巧

1. 客觀地描述。（談話的過程中，請勿加上情緒化字眼於對話過程中）

2. 情緒表達。（主動表達自己對事件的看法與感受，並告知願意聽聽對方的想法）

3. 提出建議或期待。（而非是強迫接受與要求）

4. 徵詢討論。

校園、家庭中難免會有師生、親子衝突，老師、家長可以怎做，避免擴大青少年負面情緒？當師生有衝突事件或不同看法時，建議老師與輔導人員可以參考下列的做法。

（三）情境做法說明（以下以師生衝突為例）

情境當下：可表示瞭解。

「喔，你一定覺得很煩」、「我瞭解你的感受」、「這種狀況下你會覺得……」，針對他的情緒簡單回應就好。

但如果他表達的方式太超過，已經牽涉到不尊重、人身攻擊，還是要嚴正表達底線，「再生氣都不可以這樣說別人」。如果有把握用正確有效的方式處理，可以直接糾正；如果沒把握，最好等一等，離開現場，讓自己和學生都靜一靜。

給學生一段時間消化情緒。如果後續行為調整了，可以不用再提；他就是發洩情緒，氣候變化、常常刮颱風而已。

情緒過後，孩子如果自覺有錯，可能想重建關係，當他為自己找臺階下時，此時一定要給。但如果負向情緒持續出現，或愈來愈強，表示他碰到困擾，或跟你的關係一定要調整。

二、當發現青少年有自我傷害徵兆或具體行為時，學校的處理

校園內學生有自我傷害的企圖的危機處置步驟：建立標準處理程序的SOP。

(一) 平時

1. 過濾篩檢情緒不穩定與高風險同學、並建立通報機制。
2. 在課程中開授情緒、壓力舒緩教育與課程。
3. 生命教育的校園提倡。

(二) 危機狀態下

1. 各校應建制危機處理應因模式。
2. 後續協助自我傷害者，任列輔導對象，專業協助找出解決問題的方法。

參考文獻

(一) 中文部分

中廣新聞網（2013.7.25）。國中生自我傷害比例高。資料取用網址：https://tw.news.yahoo.com/%E5%9C%8B%E4%B8%AD%E7%94%9F%E8%87%AA%E6%88%91%E5%82%B7%E5%AE%B3%E6%AF%94%E4%BE%8B%E9%AB%98-221633856.html檢索時間2016.6.1。

內政部戶政司統計通報（2015）。資料取自中華民國統計資訊網。http://www.stat.gov.tw/ct.asp?xItem=15409&CtNode=3622&mp=4

王枝燦（2001）。**同儕影響與青少年偏差行為之研究**。東吳大學社會學系碩士論文。臺北市：東吳大學。

吳明燁（1998）。青少年初期父親與母親管教行為比較。**東吳社會學報**，7，39-79。臺北市：東吳大學。

教育部（2001）。**校園自我傷害防制手冊**。

陳毓文（2006）。一般在學青少年自殘行為之相關環境因素初探。**中華心理衛生學刊**，19(2)，95-124。

蘋果日報（2015.4.28）。自認「瑕疵品」課業壓力殺2少年。http://www.appledaily.com.tw/appledaily/article/headline/20150428/36518407/檢索時間2016.6.1。

(二) 外文部分

Adams, G. R. & Gullotta T. (1989). *Adolescent life experiences*. California: Brooks/Cole Publishing Company.

Briere, J., & Gil, E. (1998). Self-mutilation in clinical and general population samples: Prevalence, correlates, and functions. *American Journal of Orthopsychiatry, 68*(4), 609-620.

Coleman, J. S. (1981). *The Adolescent Society*. Greenwood Press.

Guertin, T., Lloyd-Richardson, E., Spirito, A., Donaldson, D., & Boergers, J. (2001). Self-mutilative behavior in adolescents who attempt suicide by overdose. *Journal of the American Academy of Child and Adolescent Psychiatry, 40*(9), 1062-1069.

Erikson, E. H. (1968). *Identity: Youth and crisis*. New York: Norton.

Hurry, J. (2000). Deliberate self-harm in children and adolescents. *International Review of Psychiatry, 12*, 31-36.

Kimmel, D. C. & Weiner I. B. (1995). *Adolescence: A Developmental Transition*. John Wiley & Sons, Inc.

問題與反思

一、自我傷害行為只為引起注意，只要不予理會自然會消失？

　　自我傷害行為確實有些是可能為了達到某些特定目的。最常見的方法是割傷自己，有部分的自我傷害的青少年，可能在童年期有過受虐的經驗，他們通常不會有適當與他人溝通的方式，而必須藉由自我傷害行為來傳遞他們的想法與需求，因此，他們是必須提供必要接受協助的，並不是不予理會就會消失。

二、成績這麼好的學生，不會自我傷害？

　　家長、教師較容易忽略學業成就高的學生內心的想法與壓力，對於自我要求高且追求完美的學生，可能會因為不滿意自己的學業表現而有自我傷害甚至自殺的企圖。

三、自我傷害無跡可尋，防不勝防？

　　「事實正好相反」大部分的自我傷害都有外顯特徵，可參見本文前述特徵線索描述，不但有跡可循，且可預防。例如：當學生一直談到自殺或與生命相關詞語時，表示有些問題困擾著他。自我傷害的企圖和念頭都是延續性的，如果在過程中被阻斷，就無法繼續，但若一直無人阻止，自我傷害者很可能覺得，自我傷害確實是唯一的路，甚至最後走到自我傷害最嚴重的方式自殺，結束自己生命。

延伸閱讀

史蒂芬・雷文克隆，李俊毅／譯（2004）。割腕的誘惑：停止自我傷害。臺北市：心靈工坊。

岸見一郎、古賀史健，葉小燕／譯（2014）。被討厭的勇氣：自我啟發之父「阿德勒」的教導。臺北市：究竟。

程國選（2005）。資優青少年自我傷害防治課程與教學：以生命教育為取向。新北市：心理。

第五章

生命教育中的悲傷輔導

廖俊裕

摘　要

　　本文立基於生命教育立場來論述悲傷輔導，設定的立場是人人都會面對到的生離死別下，產生的失落情緒場域該如何面對與處理。因此強調的是這是每個人都必須學習的技能。探討悲傷是如何產生的；面臨自己或他人悲傷，如何從悲傷中，經歷悲傷歷程，面對新的環境與關係，產生新的適應力，是本文重點。

　　共分四個區塊：

　　悲傷的意義，區分狹義的悲傷與廣義的悲傷。

　　悲傷的歷程，區分為：1.衝擊期；2.因應期；3.調適期；4.整合期。

　　悲傷輔導的迷思，約有六點，如：1.不要悲傷、難過；2.找某些取代的東西來安慰悲傷者；3.一個人承受悲傷；4.時間會解決一切；5.要為了別人堅強；6.忙碌是靈藥。

　　轉化悲傷的方法，本文以情緒釋放技巧EFT和書寫治療為主。

壹　前言

　　小白（狗）被海軍陸戰隊軍人虐殺致死，動保團體悲憤抗議；雄三飛彈誤射，貫穿漁船「翔利昇」號，船長黃文忠當場身亡，家屬哀傷，舉國震驚；臺鐵孤狼炸彈客自殺攻擊，25人輕重傷；強颱尼伯特侵臺，臺東遭虐……。（聯合新聞網，2016.7.18）正當在撰寫此文時，臺灣正在為種種情感的失落而悲傷，甚至憤怒。這顯示出種種悲傷失落的事件幾乎在我們任何一個人身旁常常發生，不管你的身分高貴低下，不管你的收入日進斗金還是貧無立錐，沒有人能夠倖免。因此本文不從心理從業人員立場撰寫，而從生命教育立場來書寫悲傷關懷。其立意是要表明悲傷輔導是每個人都會面臨的情景，每個人都會有悲傷的狀況，不管是面臨親友的、他人的，還是自己的，都要有一些基本知識，以陪伴度

過而復原。

　　在臺灣的生命教育發展當中，從1900年初期開始推動生命教育起，一直都是「一人一把號，各吹各的調」，經過了十多年的討論，基本的共識結論在2006.8的高級中學「生命教育類課程綱要」，綱要中，說明了生命教育的三大核心領域、八大科目的實踐綱領。所謂三大核心領域是「終極關懷與實踐」、「倫理思考與反省能力的培養」、「人格統整與靈性發展」。（孫效智，2008）悲傷失落的課題，很廣泛，會牽涉到終極關懷的反省，也會促發倫理思考與反省，而在種種關係的失落悲傷中，是否能走過生命幽谷，對於人格統整靈性發展來說，也是一個重要考驗。

　　因此站在每個人都會面臨到的立場上，悲傷輔導是生命教育的重要面向。本文由悲傷的定義開始討論，透過其歷程階段的反省，再思考在歷程中，可以如何著力，而最後得以調適整合。

貳　悲傷的意義

　　一般來說，悲傷的討論都連著失落來探討，Rando（1984）曾說明悲傷是一種察覺到失落的生理、心理和社會的歷程，包含有身、心、靈和社會等方面的反應，是一個持續發展的歷程，而非短暫瞬間就結束的事件。他指出悲傷有五個重要涵義：

　　一、悲傷是失落的反應。

　　二、悲傷有心理、生理、行為、社會的感受。

　　三、悲傷是一個持續發展的時間過程也會有許多的改變。

　　四、悲傷是自然的反應。

　　五、悲傷是個人獨一無二的感受。

　　從上面五點可以很明確的知道，悲傷的本質就是失落後的一連串的反應過程，包含心理、生理、行為、社會的獨一無二的自然感受。後來有名的悲傷輔導專家Worden也是從這個地方出發，界定悲傷是一種對失落感受而產生的心理、認知、社會及生理反

應，是一種持續發展的過程（Worden, 2001）。Worden界定悲傷之後，幾乎所有日後有關悲傷輔導的理論都受其影響，其重要性自不待言，Worden的界定缺乏靈性層次的反應，如終極價值的失落反應，惟仍算全面。但是是失落什麼呢？失落會造成悲傷，因此這個失落當是對個體有價值、有意義的某種事物的喪失，這種有意義、價值的事物並不一定是某種什麼固定的對象，通常都會把它放在親友的死亡上，所以像石世明（2008）、何長珠（2008）、洪雅欣、林琦萱（2012）也都是這麼處理。死生大事，何長珠在綜合地考察了1995-2005年間，關於「悲傷」主題的論文後，最後結語說：「總結來說，悲傷是一種普遍的危機，當事人遭受因死亡所造成的失落狀態時，往往須承受生理上交感及副交感神經之失衡、心臟缺氧、免疫力降低、整體健康下降，以及焦慮與憂鬱程度增加等身心功能有關之變化。」（何長珠，2008）這樣的失落扣緊死亡，單就死亡而言產生的失落，是屬於狹義的失落。所謂狹義的失落就是這樣的失落只限於死亡。就死亡失落來的突然與否，一般又區分為預期性失落（如癌症而死），及非預期性失落（如車禍而死）。非預期性的失落對於心理衝突通常較大（聶慧文，2005）。但在日常生活中，我們還常常有其他的失落，如與情人的分手，也會帶來失落，甚至有時候抽獎沒抽到，也有短暫失落。相對於狹義的失落而言，章薇卿（2011）提出了廣義的失落，他分成了兩種：

　　一、具體的失落：失去親人、失業、失婚、永久分離、失能……。

　　二、抽象的失落：角色的失落、關係的失落、自我認同的否定、意義的失落……。

　　以上，章女士只是舉例，因此還是有限，例如：在具體的失落中，分手、失去寵物、搬家、分班、轉學……都是平常會遇到的例子。但是她區分具體與抽象的失落，則很完備。他的抽象的失落顯然是沒有具體的物質東西能被指涉，通常指不出什麼東西引起的

人生意義的失落、角色或關係的失落，甚至自我認同的否定概屬於此。這樣的區分很有意義。因為對於自我角色或關係的失落而言，如感覺「當父親卻不像父親，沒當好父親」這種角色或關係的失落在日常生活中，也不時出現。

　　這兩種失落（具體的、抽象的）都會引起悲傷，比起狹義的失落之死亡會造成悲傷外，廣義的失落（扣掉死亡項目之外）也會帶來悲傷，只是死亡帶來的衝擊程度一般頗大，所以一般都以狹義失落來論述。但也不盡然，因為存在感的消失、終極關懷的喪失、存在的憂思、傷春悲秋、意義的失落，有時帶來的衝擊也不比親友往生來的小（牟宗三，2003）。因此本文此處的悲傷指的是廣義失落帶來的悲傷，也針對廣義的悲傷來予以調適統整。

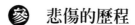 **悲傷的歷程**

　　悲傷是因為失落而引起，因此從失落的那一剎那開始，引起的震驚、否認等情緒，引起諸家的研究討論。侯南隆（1999）曾歸納Despelder & Strickland（1992）、Aiken（1994）、Hughes（1995）、Westmoreland（1996）各大家說法如下：

表一　悲傷階段的劃分

作者	階段
Bowlby (1960)	1.集中心力在亡者上；2.對亡者或者其他人懷有憤怒及敵意；3.尋求他人的支持及協助；4.失望、退縮、解組；5.重組及將自己投注於新的客體上。
Engel (1961)	1.震驚與不相信；2.覺知；3.恢復；4.解決失落；5.理想化；6.結果。
Corer (1967)	1.震驚；2.強烈的悲傷；3.逐漸恢復興趣。
Pakes (1972)	1.麻木；2.尋求與呼吸；3.沮喪；4.恢復。
Glick (1974)	1.震驚與難過；2.因應焦慮與恐懼；3.妥協；4.恢復。

（續上表）

作者	階段
Kavanaugh (1974)	1.震驚；2.解組；3.反覆無常的情緒；4.罪惡感；5.失落與孤單；6.解脫；7.重組。
Hardt (1978-1979)	1.否認；2.假意接受；3.假裝重組（pseudoreoranization）；4.沮喪；5.重組與接受。
Raphael (1983)	1.震驚，麻木，不相信；2痛苦；3.心理的哀悼過程；4.整合。
Weizman (1985)	1.震驚，不相信，否認；2.毀滅（undoing）；3.憤怒；4.難過；5.整合。
Stephenson (1985)	1.震驚、麻木、困惑、憤怒；2.解組與重組；3.重新適應；4.恢復。
Sanders (1989)	1.震驚；2.覺知；3.保留；4.轉捩點；5.重生。
Ward (1993)	1.震驚與不相信；2.否認；3.增加覺察；4.接受。

　　從表一可知，各家的起點研究就不同，例如：大部分強調一開始的悲傷狀態為震驚，但Hardt的悲傷歷程第一階段卻不是震驚，而是否認。另外，Pakes強調悲傷第一階段是麻木。而Stephenson顯然是較為靈巧的，他的第一階段就把震驚、麻木、困惑、憤怒全部統括在一起。各家不一。到底第一階段是震驚、還是否認、還是麻木，還是兩者、多者都有？這其中的理由是人的情緒多變流轉，人也不可能整天都固定一種情緒不變，因此這些第一階段的描述，皆為不是一個小時、兩個小時短暫時間的描述，這種現象因此產生。悲傷的歷程，除了以情緒來劃分外，Worden（2001）也從任務論出發，分成四個任務，包括了：(1)接受失落事實；(2)經驗悲傷失落的苦痛；(3)重新適應失落的新情境；(4)對失落情感調整後重新投注在未來生活上。以下綜合上述，以四個階段來統攝「表一」與任務論。

　　1.衝擊期：大致上來說，就是「表一」中最初的情緒，如震驚、否認、麻木、不相信、冷漠等反應。

2.因應期：第一階段衝擊期直接情緒的反應後，開始產生因應。交織著複雜的情緒，可能出現哀傷、痛苦、憤怒、沮喪、孤立、罪惡感等。

3.調適期：覺知親友死亡或其他具體的、抽象的失落的事實，練習調整回復原來的生活步調。

4.整合期：展開不同的生活，接受新的不同的角色或關係。整合期和調適期不同的地方是不只是調適而已，對於人格、生命意義、價值系統都有因爲這次失落悲傷事件而有所啓迪、成長，不只是恢復到原本的生活狀態。（侯南隆，1999）

以上衝擊期、因應期、調適期、整合期只是針對一般人而言，每個階段時期或長或短、或有或無，並不能一概而論。例如：個人修爲很好，對無常體驗很深，很可能就直接跳過前兩期，馬上到了調適期。也有人可能長期在因應期駐足不前，而有創傷後症候群產生。悲傷輔導的目的與作用也正在於此，試圖能從容走過衝擊期、因應期，而達到調適期與整合期。

肆　面對悲傷的迷思

以下先舉一些面臨悲傷失落時，我們常有的安慰自我或他人的舉動，經過研究爲無效的悲傷輔導行爲：

一、不要悲傷、難過：例如：對悲傷者說不要哭、不要流淚、流淚是懦弱的行爲……。

二、找某些取代的東西來安慰悲傷者：例如：下個男人會更好，你還會遇到更好的人……。

三、一個人承受悲傷：例如：讓他一個人靜一靜、別打擾他、讓他靜一靜……。

四、時間會解決一切：例如：時間過了，自然就會好、時間會沖淡悲傷、十年後你早就忘了此事……。

五、要爲了別人堅強：例如：你爸爸很可憐，你要爲他堅強些

阿、妳要為○○○而堅強、別讓大家擔心、○○○很關心你，你不要讓他難過……。

六、忙碌是靈藥：例如：找點事讓自己忙碌點，你就會快活些、把自己的時間填滿，不要想東想西、忙碌你就會忘掉傷痛……。（John & Russell, 2009）

以上這幾種安慰悲傷者的方法，都是無效的，原因是這六種方式都是要當事人不去面對當下的事件與情緒。不直接面對悲傷的情緒或情感，反而要壓抑、逃避、遠離。首先要允許自己可以悲傷（但也可以給自己一段喘息期暫時不處理悲傷，這樣才是真接受悲傷）。因此，悲傷的情緒以及後面的認知系統，都沒有得到紓解與調整。即使在多年之後（甚至到了中晚年），還常常受到這件悲傷事件情緒的影響。時間常常沒辦法消弭悲痛，反而讓悲痛隱匿到潛意識，一直產生作用，到最後，卻找不出難過的原因。不採取遇一事格一事（格物致知的格物），直接面對悲傷而覺察，得到這件事情的啟示與成長，傷痛很難解決。

消除以上六種面對悲傷的迷思，直接面對傷痛，是悲傷輔導的第一步。

伍　面對悲傷的多元策略

面對悲傷關懷或悲傷輔導，歷來已發展很多策略，如參加心理劇（游金潾、游淑瑜，2013），說故事（葉寶玲，2002）、家族排列、表達性藝術治療（何長珠、釋慧開等，2015）、沙遊治療（陳增穎譯，2016）……。

大致上來說，面對悲傷關懷或悲傷輔導的策略，從對象上，可以區分為兩大類：

一、心理從業人員等助人者為之，如李玉嬋等人的側重面向即在於此，出版《導引悲傷能量：悲傷諮商助人者工作手冊》。

二、個人自己為之，如何長珠、釋慧開等人側重面向即在於

此，出版《悲傷輔導理論與實務：自助手冊》。

　　本文因爲以生命教育立場爲主，因此以後者爲主要方向，而何長珠（2008）在審視考察了1995-2005年的相關悲傷論文後，提出了最後的建議，認爲「更鼓勵多元化、複雜的哀傷調適模式」。

　　有鑑於這兩個原則：自助、多元，因此以下將以自己就可以處理的兩個方法爲主，這兩個悲傷處理的方法，效果頗佳，自己即可爲之，沒有後遺症，第一個爲論者評爲「快充療法」的「情緒釋放技巧」爲主來詳細介紹（陳增穎譯，2016）。這個方法不僅可以自助，也可助人，頗爲實用。第二種屬於書寫治療途徑。分別敍述於下：

一、情緒釋放技巧EFT（Emotional Freedom Technique）

　　屬於能量心理學範疇，創始者爲Roger Callahan心理治療師，1980年他正治療一位多年恐水症患者Mary，Mary找過很多位治療師處理（包含正統主流界），但都沒有什麼效果，每天仍困擾痛苦於恐水症，後來他找到Callahan，Callahan原本用傳統心理治療方法治療他，但是沒有什麼起色。有天，他與Mary會面，當場Mary恐水症發作，Callahan不知所措，突然靈機一動，想到兩個靈感：(1)Mary告訴他，每當恐水症發作時，胃都很不舒服；(2)當時Callahan正在研究中國經絡學的學說，知道胃經的起點在眼睛正下方的承泣穴，於是他輕按Mary的承泣穴，幾分鐘後，Mary的恐水症消失了，而且當場能夠開始玩水，Mary的長期頭痛和惡夢也隨之消失。Callahan頗震驚，經過數年研究，給這套技巧取名爲Thought Field Therapy，簡稱TFT。後經Gary Crag改良，發展成爲今天的EFT，在世界各地已被眾多的心理從業人員所廣泛採用，（Anastasia M. Bougea, Nick Spandideas, Evangelos C. Alexopoulos, Thomas Thomaides, George P. Chrousos, & Christina Darviri, 2013）臺灣這幾年來，推廣者也慢慢增多。

他的步驟如下：（林國光譯，2003）

1. 調諧思維場：刻意想像或注意你的心理困擾。要讓你的思緒把你的問題帶入意識中，有意識地去想如恐懼、焦慮或心理創傷。

2. 悲傷指數：給悲傷程度打分數（最嚴重10分，最不嚴重0分），8或9分為最佳處理時刻。

3. 輕敲情緒穴道：順序（邊敲打邊提醒自己正向句、肯定句）

關於敲打情緒穴道也有一些步驟：（張淑惠譯，2012）

1. 先敲心理反向點：大陵穴、手刀點（後谿穴）、胸線點（同時要說肯定句：我心懷感激、我很勇敢、我愛我自己，我接納我自己），參圖一、二、三。

2. 敲打13個穴道（同時不停說困擾的問題，如我母親離我而去，我好難過……但我仍然愛我自己、接納自己），參圖四。

3. 敲打廣效點，做九步廣效療法。

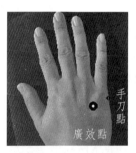

圖一　手刀點（後谿穴，心理反向點）與廣效點

圖二　大陵穴

圖三　胸腺點

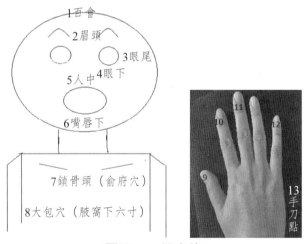

圖四　13個穴位

敲打廣效點時，有九個步驟九步廣效療法：

1. 張開眼睛。

2. 閉上眼睛。

3. 睜開眼睛，並把眼球轉到左下方。

4. 把眼球轉到右下方。

5. 順時針轉動眼球一次。

6. 逆時針轉動眼球一次。

7. 哼出一段調子。

8. 數出一到五的數字。

9. 哼出一段調子。

上面九個步驟，第7和9是調整右腦，第8是調整左腦。如此不停地重複，但要隨時注意悲傷指數，當悲傷指數下降到1分或2分時，即表示此情緒已經釋放完畢。一般說來，重複三次，悲傷指數可降到3分，但要再降到1分，約要20分鐘（以上）。

二、書寫治療途徑（John & Russell, 2009）

這個方法有八個步驟，分別述之如下：

1. 先破除上文所述六種面對悲傷的處理迷思：不要悲傷、難過；找某些取代的東西來安慰悲傷者；一個人承受悲傷；時間會解決一切；要為了別人堅強；忙碌是靈藥。

    破除了上述的處理悲傷的迷思，目的就是為了讓我們知道我們有悲傷的權利，接受我們有悲傷的狀況，按照意義治療學的矛盾取向法，接受他是離開他的直接途徑（趙可式譯，2005），逃避悲傷、壓抑悲傷反而讓悲傷拖延更久，甚至掉入潛意識而不自知痛苦之所在。

2. 反思一個問題並寫下來：如果重來一次，會希望有什麼事情可以做得更好的？這個問題的目的是我們也要為自己的悲傷情緒負起某些責任，當我們對自己的悲傷有些責任意識時，才更能掌握調適情緒。

3. 正式面對悲傷情緒：可以找個夥伴，也可以自己一個人完成。在此階段，真誠的面對自己的情緒與認知，想一想平常親朋好友們用了哪些錯誤處理悲傷情緒的方法來安慰人或你自己。然後再想一想自己平常用哪些悲傷處理的方法（如

大吃、喝酒、吃藥、運動、看電視電影、購物、忙碌工作等）。提醒自己哪些是屬於短暫的消除悲傷情緒而已，後面的日子悲傷情緒還會常常發作。

4. 回憶你的生命歷程，畫一張「失落事件強度歷程表」，畫一個X-Y軸第一象限，X軸標示從小到大所有與失落悲傷有關的事情，如祖母或其他親友去世、寵物貓或狗等去世、轉學、搬家、失戀等，每個事件上，再標記Y軸表是傷痛的程度。回顧這些失落經驗。

5. 看著這張「失落事件強度歷程表」，找出那些覺得屬於「尚未完成的關係」事件。所謂「尚未完成的關係」事件，就是指覺得心裡還有芥蒂，還有些事情沒對對方做、還有些話語還沒對對方說、還有誤會、誤解沒對對方說清楚講明白等的事情。然後選擇一個目前最想化解的未完成關係事件。

6. 畫一張「單一關係強度歷程圖」，畫一個X-Y軸第一、四象限，此圖標示你和某人的單一關係。在X軸上標示出你們之間發生過的重要事件。再把這些重要事件引起的情緒強度用Y軸刻度來呈現。正的第一象限代表正面事件，負的第四象限代表負面事件。用其長短來代表傷痛情緒的強度，回顧這些失落的悲傷事件。

7. 將「單一關係強度歷程圖」加以檢視，按照情緒分成三大類：

   (1)道歉：哪些做過或沒做過的而傷害了別人的事情。如：對不起，沒到醫院去看你最後一面。

   (2)原諒：別人對不起你的，原諒對方，不對不完美的過去耿耿於懷。如：我承認你做過的事深深傷了我的心，但我不會讓那些事情的記憶傷害我了。

   (3)獨特的情感宣言：不屬於前兩類的情緒念頭，幾乎都可以放到此類。如：我以你為榮、我以你為恥、感謝你和我共度的時光、期待、夢想……。

8. 最後的功課，寫一封「悲傷療癒完成信」，目的是向這段關係中的痛苦或不切實際的期待說再見。但不是要像這段關係告別，而是向這段關係所引起的負面情緒告別。這封信的範本是：000，「對不起」，我為我做過的傷害你的事情道歉，「請原諒我」這些行為；……或者，000「我要原諒你」做過的傷害我的行為；……或者，000我希望你知道「我愛你」，我不是真心想傷害你；……000「謝謝你」出現在我生命中，我愛你，再見了。（宋馨蓉譯，2009）這樣就完成了悲傷療癒，所謂的「完成」就是說在某個關係中，我們發現了未完成的部分，而且透過這些傳達給對方訊息的動作，我們在心理上已經有個了結，可以開展嶄新的人生旅程了。

陸　結論

以上，我們從悲傷的意義（抽象的、具體失落而引起的悲傷）、悲傷的歷程（衝擊期、因應期、調適期、整合期）、悲傷的迷思（六大迷思）、用EFT和書寫途徑來直接處理悲傷失落，這是奠基在人人都需要生命教育的立場上而論述的。因此所重的是人人自己可為的悲傷失落之處理途徑，如此，悲傷後的處遇，可以達到一個調適、整合的狀態，而使身心靈更向上成長。

參考文獻

(一) 中文部分

Howard R. Winokuer, Darcy L. Harris（2012）。陳增穎譯（2016）。**悲傷諮商：原理與實務**。臺北市：心理。

Ihaleakala Hew Len著，宋馨蓉譯（2009）。**零極限：創造健康、平靜與財富的夏威**

夷療法。臺北市：方智。

Jessica Ortner著，洪世民譯（2016）。**拍一拍，就能瘦**。臺北市：平安。

Margaret M. Lynch, Daylle Deanna Schwartz著，廖建容譯（2014）。**敲醒你的財富能量**。臺北市：天下。

Nick Ortner著，蔡孟璇譯（2014）。**釋放更自在的自己：15分鐘快速減壓、平衡情緒的深層療癒法**。臺北市：天下。

Rainer Franke, Ingrid Schlieske著，張淑惠譯（2012）。**M.E.T.能量敲打功**。臺北市：橡樹林。

Roger J. Callahan, Richard Trubo著，林國光譯（2003）。**敲醒心靈的能量**。臺北市：心靈工坊。

V. E. Frankl著，趙可式譯（2005）。**活出意義來**。臺北市：光啓。

王曙芳（2014）。**原能量：穿梭時空的身心療法**。臺北市：心靈工坊。

石世明（2008）。悲傷輔導新觀念——從心靈成長到悲傷轉化。**腫瘤護理雜誌**，8卷1期（200806），27-33。

牟宗三（2003）。**五十自述**。臺北市：聯經。

何長珠（2008）。悲傷影響因素之初探。**生死學研究**，7期（200801），139-192。

何長珠、釋慧開等（2015）。**悲傷輔導理論與實務：自助手冊**。臺北市：揚智。

李玉嬋、李佩怡、李開敏、侯南隆、陳美琴、張玉仕（2012）。**導引悲傷能量：悲傷諮商助人者工作手冊**。臺北：張老師。

村川直理著、連雪雅譯（2013）。**減壓、安定情緒、療癒傷痛的輕敲療法：自我療護的十個訣竅**。臺北：健行。

林嘉瑗（2014）。**EFT情緒療癒：10分鐘情緒排毒敲打操**。臺北：商周。

侯南隆（1999）。至親遠逝——影響喪親者悲傷復原相關因素之探討。**生死學通訊**，第3期。

洪雅欣、林琦萱（2012）。全人發展階段悲傷輔導之要點。**諮商與輔導**，318期（201206），8-12。

孫效智（2008）。生命教育之困境與推動策略，收入何福田編，**生命教育**。臺北：心理。

章薇卿（2011）。生命教育：悲傷輔導。**思樂醫之友**，83期，100年春季號。

游金潾、游淑瑜（2013）。心理劇在喪親者悲傷輔導上的運用。**諮商與輔導**，335
　　期，2013. 11。

葉寶玲（2002）。如何運用說故事與儀式於喪親家庭之悲傷輔導。**諮商與輔導**，199
　　期，2002.7。

聯合新聞網，http://udn.com/news/cate/6638，2015.7.18查詢。

聶慧文（2005）。**大學生經歷失落事件的悲傷迷思、因應行為與至今復原程度之
　　關聯性研究**（未出版碩士論文），新竹：交通大學教育研究所。

(二) 外文部分

Anastasia M. Bougea, Nick Spandideas, Evangelos C. Alexopoulos, Thomas Thomaides,
　　George P. Chrousos, & Christina Darviri (2013). Effect of the Emotional Freedom
　　Technique on Perceived Stress, Quality of Life, and Cortisol Salivary Levels in Ten-
　　sion-Type Headache Sufferers. *EXPLORE* March/April, Vol. 9, No. 2.

Despelder, L. A., & Strickland, A. L. (1992). *The last dance-Encountering death and dying.*
　　California: Mayfield Publishing Company.

Hughes, M. (1995). *Bereavement and support.* Washington DC.: Taylor & Francis.

John W. James, Russell Friedman. (2009). *The Grief Recovery Handbook.* New York: Harp-
　　er-Collins Press.

Rando, T. A. (1984). *Grief, Dying and Death.* Illinois: Research Press Company.

Westmoreland, P. (1996). Coping with death : Helping students' grieve, *Childhood Educa-
　　tion.* 72:157-160.

Worden, J. W. (2001). *Grief counseling and grief therapy: A handbook for the mental health
　　practitioner* (2nd ed.). New York: Springer.

問題與反思

一、如果你的親友正面臨悲傷失落情境，你想對他悲傷關懷，就你本身而
　　言，最大的挑戰是什麼？

二、回想你曾經看過的跟失落悲傷有關的電影，這些電影如何描繪悲傷，

　　劇中人對悲傷者有何反應？這些電影對觀眾傳達出哪些悲傷的訊息？

三、在成長過程中，別人教育了你哪些情緒的觀念？這些情緒教育在處理你個人的情緒上產生了什麼影響？掌握情緒和壓抑情緒有何不同？

四、EFT如果沒有肯定句與正向句的操作，效果如何？

延伸閱讀

Osho著，謙達那譯（1999）。生命愛與歡笑。臺北市：奧修。

唐君毅（1984）。人生之體驗續編。臺北市：學生。

陳健民（1993）。漢譯佛法精要原理：實修之體系表。臺北市：圓明。

曾昭旭（2009）。因為愛，所以我存在。臺北市：健行。

第六章

生死諮商

何長珠

壹　緣起

　　生死諮商是由兩個學術系統的理念與實務組合而成的。就生死而言，可包括狹義的死亡前／後對當事人及其對象的悲傷輔導／臨終關懷；就廣義而言，則包括宗教超越生死的正知見教育（生死永續）與一般對象的失落議題之處遇（生命教育）。就此而論，在生死失落的痛苦難過中，心理諮商的工作常被期望能有所介入並提供適當的幫助。雖然也有文獻認為生死是每個人都可以學會應對的人生挑戰；但無論如何，對這項人人必經之事的有所學習瞭解和準備，應該還是極有意義和價值的；到底，縱使不知為何而來、至少也要知道為何而去吧？

　　不過，由於長期以來的中文，習慣以「生死輔導」的稱呼來含括心理因應的三個範圍——輔導（Guidance）、諮商（Counseling）及治療（Therapy），因此本文特就此三部分之內容有所解說，以正視聽。

　　首先，生死輔導的定義是以文獻分享及資訊提供的方式，來協助一般人增進或澄清對某項概念之瞭解（如死亡之對象會影響悲傷之深度等），因此南華大學生死學系的內容便可廣泛的包括宗教／心理／教育／社會／哲學等學科範疇。其本質在心理諮商之範疇中，應屬於「預防及推廣」之性質。也就是說，「生死輔導」的重點應放在對一般大眾之死亡態度或迷思（悲傷輔導—臨終關懷），進行知識和態度的認知—澄清之工作（生死永續）；因此「理論闡述」、「讀書會討論」、「繪本或影片欣賞」以及各種短期、正向的心理助人模式如「焦點解決」、「正念—正知見之薰習」或「現實治療問題解決」等模式；均可用於此一階段之對象。「生死諮商」則主要在處理當事人因未盡事務所引發的情緒、感受或心理困擾，如憂鬱、悲觀或憤怒、無助等，其焦點總與感受有關，因此兼含敘事／繪畫／音樂／舞蹈／沙遊／靜坐等媒介的「表達性藝術治

療」或「催眠」、「心理劇」等特定學科，便成爲是最理想的介入模式；而「認知治療」的介入模式（含正念）亦被許多文獻認定對憂鬱及焦慮等問題之處理相當有效。最後，在心理諮商的系統中，針對困難度最高的人格問題之處理（如一輩子無法釋懷的傷痛或對某人又愛又恨的情緒等），則須採用對工作者訓練要求最高的深度治療模式，像是「心理動力深度治療」或「心靈靈性治療」（催眠－靜坐－家族排列－心理劇）等策略，才能眞正有所幫助。

以下分別說明其內涵。

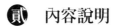

貳 內容說明

一、生死諮商階段與心理因應模式

由於輔導一詞是臺灣的習慣用法（包括諮商及治療之範圍）。因此復原階段與因應過程，其實包含輔導－諮商－治療三種範疇，可用下列圖表來加以說明——

表一 復原三階段與生死諮商因應模式（何長珠，2015，34）

階段	特徵	狀態	心理介入模式	輔導－諮商－治療
1-震驚期 （否定）	過分反應 ／表面OK	1.退化：情緒激動、失眠（生活失常） 2.堅強：表面無事，理性因應 3.「創傷性」反應 4.否認：以逃避及身體疾病來因應	危機介入： 1.說出感受 2.結構化：每天要完成的三件事 3.具體建立支持聯絡網	**輔導／諮商** 1.讀書治療 2.影片欣賞 3.支持網路建立 4.生活事件之協助（重新安排生活結構）
2-哀悼期	責怪自己／他人	1.分離的過程：恍如同在（幻覺）	1.表達性藝術治療；催化情緒之表達與宣洩	**諮商／治療** 1.信仰之介入 2.心理成長團體

（續上表）

階段	特徵	狀態	心理介入模式	輔導─諮商─治療
		2.獨白 3.得同樣的病痛 4.哭泣／憂鬱／憤怒	2.心理諮商：處理未竟事務	（義工、宗教社團或藝術治療） 3.專業心理治療（認知或心理動力治療） 4.心靈治療（民俗或家族排列）
3-復原期	接受、回復現實	1.搬家 2.換工作 3.學新東西 4.深入宗教信仰	1.問題解決模式 2.正向心理學	**諮商／輔導** 1.社工資源系統介入 2.新關係對象之建立（人物事）

　　由上表中可知，在因應失落／悲傷／死亡等議題之復原的不同階段中，生死輔導、諮商及治療，亦各有其獨特工作之模式與做法。如果轉換成更詳細的工作任務描述，則可分為幾部分說明如下（參考自何長珠等，悲傷輔導因應智能量表之建構研究，2011，35-50）。

二、生死輔導部分之智能──理論與實務

1. 能從人際、書本或信仰中，感覺到正向力量的支持。（Schaefer, J.A. & Moos, R. H., 1984）
2. 知道工作有益於身體（但非心理）健康的維持，因此願意保持適當的忙碌。
3. 悲傷會催化生理及心理疾病，而唯有規律運動及有效的飲食習慣，才最能協助儘快恢復心理痛苦。
4. 瞭解到悲傷的處理因人而異，有人的確可以默默（默思）完

成其哀悼之過程，因此較能體諒表面若無其事的家人或親友。（Nolen-Hoeksema, S., & davis, C.G., 1999）

5. 男性或具理性性格者處理哀傷的方式偏向問題解決模式，因此需要幫助他們得到情緒宣洩之機會——運動或建立新嗜好等都是好方法。（Wortman, C.B. & Silver, R.C., 1985）

6. 女性性格者處理哀傷的方式則偏向感受表達模式，因此需要協助這些人增加問題解決能力之訓練。（Wortman, C.B. & Silver,R.C., 1985）

7. 個人的心理依附類型會影響其復元之模式，如焦慮依附型喜歡「求助和掌控感」；逃避依附型喜歡藉著「工作或理性解釋」來因應；排除依附型則傾向於採取「內省深思哲理」之做法。（Shapiro, E.R., 2001）

8. 復原歷程的本質是一種「死亡－重生」的雙向歷程，在達到悲傷的極限（如痛不欲生或行屍走肉若干年）後，生命的自然規律會再度上升，從而回到一個較之前更為成熟老練的狀態——只不過每個人的速度、方法與結果有別而已。（Stroebe, M.S., & Schut, H., 1999）

9. 無論尋求專業協助與否，有效的復原工作，均應包括：(1)生理（飲食、運動、休閒與新嗜好之健康化）；(2)心理（自我概念與自我效能之再檢視；創傷性悲傷與壓力管理之改善；閱讀治療）；(3)社會（支持網路之擴增、家庭溝通之改善與工作職業帶來之專注滿足感等）；(4)文化（民俗、信仰之深入）；及(5)生死教育（生命與死亡意義之深入探討與處理）之追尋與實踐，才能真正有效。

(一) 補充說明

1. 悲傷因應的反應中，採「趨」反應者（理性分析危機、正向重新評估，採解決問題之行動，尋求支持），其悲傷復原之效果優於「避」反應者（企圖輕忽問題，尋求替代性補償，

　　情緒複雜，對改變有無力感者），因此情緒（悲傷或憤怒）
　　之表達和宣洩都是非常重要的復原條件。（Moss & Schae-
　　fer, 1993）

2. 悲傷輔導智能之說明Fitzpatrick & Bosse（2000）探討工作
　　對身體和心理的影響。248位是過去一年內遭遇傷慟、262
　　位過去二至三年內遭遇傷慟。雖然兩組結果無差異，但發現
　　工作對兩組的身體健康都是有益的，對心理的健康狀態則無
　　改善；所以請不要以為躲入工作就可以解決問題，這是一個
　　迷思。

3. 幾乎對每個人來說，喪親死亡經驗都是痛苦的，甚至還有少
　　數的人終生無法走出其陰影。因此可說：悲傷因應歷程就是
　　一種正／負交織，來回往復的心理成長歷程。

4. 依據Bowlby與Ainsworth等人（1978）所提出的依附論（安
　　全、焦慮、逃避、瓦解）及其後Parkes對不同依附類型者的
　　悲傷因應模式之觀察── 不同的依附類型對於悲傷也有不
　　同的因應模式，如焦慮型依附傾向於有持續性悲傷；逃避型
　　依附傾向於不能表達情緒；而解離型（未統整者）依附則有
　　可能成為藥物、酒精或性濫用者。甚至有研究發現相關的影
　　響因素尚包括性別與年齡差異，如Schut, et al.（1997）等
　　人之研究發現：男性性格者之處理哀傷方式偏向問題解決模
　　式，因此需要幫助他們得到情緒宣洩之機會。女性性格者之
　　處理哀傷方式則偏向感受表達模式，因此需要幫助她們得到
　　問題解決能力之訓練。

5. 悲傷隨著時間而改變型式，所以很多我們看起來不以為然的
　　事情，其實都是因為當事人還沒有走完那個歷程，可以說世
　　上並沒有不正常的悲傷，雖然我們在研究中有，但在一般生
　　活裡面，大部分的情況下，都是有原因的。

6. 生命的自然規律是一個「死亡到重生」的雙軌歷程（Stroe-
　　be & Stroebe, 2001），所以，一個人在悲傷很久應該要結

束痛苦的時候如果還沒有改善，很可能是因為他（她）還沒有碰到最核心的原因：正常的情況下一個人在悲傷中時、其實也在療育中。所以，雖然你陪伴一個悲傷者可以很「真心」，但是不必太「擔心」──這個現象何長珠稱之為「游泳池理論」──溺水時最先是往下沉──但若下沉觸到底，則有自然回升之傾向。

7. 最難最深的傷痛復原情況大概要十年，所以日後要安慰的對象若是屬於母喪子或白髮人送黑髮人的，就要特別覺察到其心理機制。像母喪子的例子，孩子如果是10歲以下的年齡，父母親就會出於一種補償心理而再生一個來紀念這個早逝兒，而出生的那個孩子，在靈魂深處等於多替一個人而活，就比較容易成為成功但不快樂的孩子。那假設母親老了，生孩子已經不可能了，母親就可能處於長期的憂鬱與失落之中，而成為自己與家人的困擾。這些都是屬於高難度的哀傷失落議題，是需要深度心理治療（靈魂或心靈治療）的情境。

(二) 實務

見何長珠等著（2016），《表達性藝術治療15講》，臺北：五南（出版中）。

小結──

一段同學（X君）分享的感受──

回顧自己的生命經驗，何老師說如果有過負2的經驗也比較容易有正2的經驗，但是並不代表有很多負2的經驗就是好的，重要的是要能從負2當中轉化成長，才能讓自己往較好的方向走！

記得某一學妹的圖中出現很多的負2，老師曾詢問她：雖然每次的經驗不同，但是所受的痛苦感是一樣的，在這當中你學到什麼呢？為什麼一再讓自己掉入負2的狀態？

我覺得老師的回答讓我覺得印象深刻。而我希望自己能在經歷

來回的擺盪後能夠趨近於零的平衡狀態；這樣才不枉此生吧！
更詳細的分享資料，請參考如下網站之影片說明——
https://www.youtube.com/watch?v=lnUxpArIbtU

三、生死諮商部分之智能——理論與實務

1. 能對信任的人（或團體）公開表達並宣洩個人之情緒（哭泣、想念、怨懟或不甘）。（Pennebaker, J. W., 1997a）

2. 家庭遇到不幸事件之衝擊時，往往會產生新的互動序位，因此有效的衝突反而比假象的和諧，對家庭功能具有更大之意義。（Kissane, D., Bloch, S., & McKenzie, D., 1997）

3. 對幼兒及小學兒童而言，好哭、尿床、睡眠不安、急躁、黏人、好動、不專心、拒絕上學等照顧上的困擾行為，都有可能是一種表達情緒困擾的求助方式。（Wortman, C. B. & Silver, R. C., 2001）

4. 對青少年而言，其表達悲傷之方式則除了飲食、健康（生病及發育）與學習上之困難外，尚包括有負面不穩定之自我意象、衝動冒險的行為以及對亡者愛恨交織的情緒，因之與兒童共同被列為是較易得到憂鬱的危險族群。

5. 研究發現，喪親的兒童或青少年若能接受包括遊戲治療及表達性藝術治療在內的心理治療之協助，是可以得到有效幫助的。（Balk, D. Corr, C. A., 2001）

6. 幼年時的喪親等心理困擾，若未得到處理，則成為「未盡事務」，而於其後成年時的喪親經驗中復發，變成所謂的「二度傷害」，增加當事人罹患憂鬱的危險因子。（Oltjenbruns, K. A., 2001）

7. 從經驗中發現，任何能帶來內在快樂（歡笑）狀態的活動（如唱歌、畫畫種花、養小動物、旅行、作義工等），都是有效的悲傷良藥。（Neimeyer, R. A. & Hogan, N. S., 2001）

8.「復原的工作」，通常包括三個階段，即：震驚期（適合介入方式爲危機處理及社工系統實際問題之協助）、退化期（心理諮商，即情緒之表達、支持與澄清；對複雜性悲傷則可考慮心理治療）與復原期（適合介入方式爲與認知治療有關的問題解決模式與意義治療）。（Schaefer & Moos, 1992; Rosenblatt, P. C., 2001）

(一) 補充說明

1. 一般而言，悲傷工作（包括輔導與諮商治療）的工作目標，主要是提供當事人一個安全支持的場域，使其能於悲傷歷程中，表達失落感（釋放情緒），經歷個人的內在歷程，從而改變原有的認知架構（解構）、面對現實辨識與解決阻礙的衝突（連廷嘉，2001；Worden、聶慧文，2004），並以重構後的自我迎向前去。

2.「悲傷的工作」（grief work），通常包括三個階段，即：震驚期（適合介入方式爲危機處理及實際問題之協助）、哀悼期（心理諮商，即情緒之表達、支持與澄清；對複雜性悲傷則可考慮心理治療）與復原期（適合介入方式爲與認知治療有關的問題解決模式與意義治療）（Hogan, Morse, & Tason, 1996）。

3. Bowen（1976）曾說：想要幫助一個遭遇家人死亡的家庭，必須瞭解家庭的型態、逝者在家中的地位功能，以及生活適應的程度。由此可見家庭是個互動單位，以家庭系統的觀點來看，未解決的悲傷不僅是家庭不健康關係的關鍵因素，也會使不健康的關係在代間傳遞下去。當家庭遇到死亡事件之衝擊，會產生新的互動，所以真正有功能的家族是會吵架的和談判的，不過爭吵的主要目的是要協調與妥協。Bowen（1976）在Stroebe & Stroebe（2001）所編輯的書中之看法則是：伴隨死亡而來的焦慮和壓力，雖會增加一個家庭的融

合，但也有可能爲了情緒穩定而依賴過分僵硬的結構，使關係轉換至一個較之前更爲封閉的溝通系統。

4. Walsh & McGoldrick（1991）則認爲藉由討論與處理家庭的悲傷反應（包含世代間及家庭生活圈），可透過分享死亡的眞實性與失落經驗的知識，重組家庭系統，使能重新投入其他的關係和新生活的追求。

5. S. Cohen 和 T. A. Wills（1985: 349-350）認爲，支持系統不見得都可以發揮緩衝壓力的功能，因爲：(1)當事者必須能夠覺察到具有功能的支持；(2)達到當事者所滿意的品質要求；(3)符合不同需求。根據這樣的觀點，悲慟者所需的支持必須質重於量，否則有時可能適得其反地擴大其複雜的悲傷反應，而發生以下的兩種狀況：(1)被視爲無助的受照顧者；(2)被視爲無賴的受照顧者。

6. Sanders（1989: 17）認爲，悲慟者所獲得的酬賞會決定其悲傷調適所選擇的方向，M. E. P. Seligman（1975: 93-94）則提出「學得的無助」一詞，指稱個體相信自己缺乏能力改變事情的特徵——這類的老人可能患有身心症，會一天到晚咳嗽、氣喘，或是有胃病，全身都是病，讓人不得不去照顧他。無賴的受照顧者，則意指那些不被社會所承認的關係者（如外遇之小三），個體常因爲所處的文化，使情緒性支持不足（如助人專業）或是提早被鼓勵回到正常的活動（如單親），而無法完成自我的悲傷調適。

7. 以美國來說，鰥夫比寡婦有更多負向的喪親結果（Cleiren, 1993）。老年喪偶的鰥夫，主要是指65歲以上男性，一般來說都要半年後才會出現悲傷，雖然不會直接表達出來，但是兩年內，會有較高的生病率和死亡率。而在兒童面對喪親經驗中，父母或者手足的死亡對一個孩子亦有深遠的影響。某些兒童經驗悲傷的持續症狀（Hogan & Greenfield, 1991）而出現行爲和心理問題。例如：睡眠和飲食習慣的

混亂，與同儕不好的關係，學業表現差，對於死去的手足有偏差的思考（我害的）並且想自殺（Balk, 1990）。因此，當小孩出現這些現象時，應將焦點放在其有求助之可能，並重新探討誘發他求助的事件。

8. 對喪親的兒童或青少年兒童研究發現，喪親的兒童或青少年兒童比較能接受遊戲治療，而青少年和成人則透過表達性藝術治療較容易得到幫助。相反地，若幼年時期喪親經驗之心理困擾，未得到適當處理則會成為「未完成事務」，造成日後所謂的「二度傷害」，例如：幼年失父未完成哀悼者，可能於日後先生去世時，出現異於常人或常情的悲傷反應等是。

9. 儘管持續經驗悲傷會造成兒童出現行為或心理問題，但對較年長的兒童（小學高年級後）而言，悲傷經驗則提供機會重新檢視生命。Moss（1989）聲稱父母的死亡可以提供一個「發展的助力」促使孩子或其他家人們重新檢視生命的定義，修正目標，同時變得更加親密。總結來說：大多數人都是因為經歷了成長的蛻變，才得到更為堅韌的生命品質。

10. 除此之外，不同的宗教觀念對於死亡的不同看法，也會影響人們面對死亡的態度。蔡明昌（2006）發現在不同的宗教信仰對死亡的詮釋中，似乎以基督教和天主教的教義較有助於悲傷調適。天主教的死亡觀，主要包括幾點：(1)人生祇活一次，最終之禍福由自己決定；(2)靈魂不滅；(3)信仰耶穌的善人，將與神結合於「奧身」之中，死後其靈魂與肉體立即以異於世間之型態復活。即使需要改正汙點，處於永恆世界的人，也可能在一瞬間完成（但新約的重新詮釋不同於舊約的觀點）。在這種信仰之下，我們可以預期，天主教與基督教的死亡觀似乎可積極強化信徒在世時的行善動機，與面對挫折時忍耐及挑戰困難之勇氣。

(二) 實務

見何長珠、林原賢著（2013），CH7，心理動力治療，199-236，《諮商與心理治療理論及實務》，臺北：五南。

四、生死治療部分之智能──理論與實務

1. 感覺看（聽）到亡者之存在是很多人的經驗（特別對中國人的文化而言），並不需要太介意；但如果已造成當事人極大之干擾，則可以民俗或心靈治療之方式給予協助。

2. 婚姻中或婚外的「墮胎」（流產或夭折）雖然一般人多不以為意，但其實對當事人其後的生活（親子或夫妻關係）往往會造成不良的影響（海寧格家族排列之理論及何長珠華人家族排列之驗證）。

3. 不論對嬰靈或家中曾遭受不公待遇的人（如養子女或分產不公等）之悲傷處遇中，「小和解」（在對方面前或靈前正式承認對方）都是很重要的解決問題之道（海寧格之公平與歸屬理論）。

4. 研究發現：有真誠信仰者，相對最容易從挫折中恢復；並往往進而改變其生命價值觀，成為一個助人利他的實踐者；因此及早開始追求個人的真實信仰，便成為未來有效復原的加值單。

5. 悲傷處理最重要的三原則是：「面對」、「表達」與「找出隱含其中的生命意義」。

6. 身心靈的互動關係表面上好像是身體健康或心理平衡可影響靈性的成長；事實上，其次序是反過來的──唯有靈性健康的人，才會心理平安進而減少疾病與憂慮，並進而增進身體之健康。

(一) 補充說明

1. Douglas（1990）與Scharlach & Fredriksen（1993）等人發

現，父母死亡對孩子會造成憂鬱及個人能力的重新思考，增加對死亡之現實與普遍感，因此對生命中事物的重要性會重新排列。透過這些觀點可知，喪親高度地破壞了相關的自我認同與情緒控制的人際策略，並粉碎了與成人經驗連貫的自我建構之持續性。

此時心理治療介入的重要在於以系統和合作計畫來減少壓力源（Henggeler, et al., 1996），藉由介入家庭可幫助探究和擴展家庭的溝通、凝聚力，以及分享失落的故事與故事的意涵，進而讓靈性達到一個新的統整狀態，方能接受死亡、重新生活。

2. Kleiman對臺灣地區中國人的死亡研究發現，人們即使面對自己的死亡時也不願正視，往往任由家人處理（陳新祿譯，1994：165）；而張珣（1989）則發現中國人之所以有高比例的身心症，可能與文化中情感表達之壓抑性（禮貌及修養）與缺乏心理語言之使用習慣有關。Romanoff和Terenzio（1998）認為一個成功的悲傷儀式需要同時闡述內心的自我轉換、社會地位的轉變，以及在集體的脈絡中與死亡連結的延續。因此，對中國人的文化而言，在悲傷歷程中，感覺看（聽）到亡者之存在是很多人的經驗，不需要太介意；但如果造成當事人極大之干擾，則可用民俗或心靈治療（催眠／家族排列／深層溝通）之方式給予協助。

3. 在婚姻中或婚外的「墮胎」（流產或夭折），雖然一般人多不以為意，但其實對當事人之後的生活（親子或夫妻或男女關係）會造成不良的影響。由於父母在孩子誕生之前，就已開始經歷身為人母的情感體驗，並開始建立與尚未誕生孩子彼此間的情感認知藍圖（Oppenheim, 2000）。大部分的母親在孩子死亡之後，仍堅持與持續對失落賦予意義（Horacek, 1991）。所謂「成功的」適應失落，通常是指個體需要面對並修通個人悲痛的感情。Stroebe（1992）認

為「修通」是指面臨失落的認知過程，察看死亡前和當下所發生的事，聚焦在回憶及脫離對死者的依附。因此不論對嬰靈或家中曾遭受不公待遇的人（如養子女或入贅及分產不公等）之失落處理中，「和解」都是很重要的解決問題之道。藉由設牌位及念經、懺悔等符合華人集體潛意識需求的文化儀式行為，可以讓我們逐漸能面對情緒，進而更多瞭解個人靈魂中未盡事務的真相，心靈得以轉化成熟，成為「新存在（有）」的一種方式。

(二) 實務

見何長珠、釋慧開等著（2015）。《悲傷輔導與依附，悲傷輔導與理論實務》，CH4，臺北：五南。

(三) 結論

生死輔導（諮商及治療），是生死學系統中，不可或缺的一個部分。因此特簡要說明如上。如須就內容詳加探討，則必須牽涉到諮商心理學中所介紹到的各種理論與技巧；有興趣深入者，可以進一步修習有關課程。

參　提問與討論

一、試分別就宗教／社會／教育／哲學等學派之觀點，來連結並比較其所定義的生死諮商，與本文以心理學為主架構之生死諮商間，有何異同？

二、國內已推行生命教育有年，請問生命教育／生死教育與本文所討論的生死諮商，在理論與實務上有何異同？

三、依照您個人之觀察，目前臺灣學校範圍的生死諮商到底已做到何種程度（輔導／諮商／治療）？

參考文獻

(一) 中文部分

何長珠、李盈瑩（2011）。大學生生命意義與悲傷因應智能之研究，**嘉義大學輔導諮商學系碩士論文**（未出版），嘉義。

何長珠、李盈瑩、王枝燦（2014）。大學生傷慟因應智能量表之應用研究。**生死學研究**，15期，35-70。

何長珠、曾瀞慧（2014）。臺灣公幼教師之生命意義與悲傷因應智能關係之研究，**南華大學生死學系所碩士專班論文**（未出版），嘉義。

何長珠、程鵬、王珮云（2007）。**影響悲傷因應能力相關因應之探究**。嘉義：南華大學生死學系畢業專題（未出版）。

何長珠、歐乃華（2008）。**大學生傷慟智能與憂鬱、生命意義感相關之研究**。嘉義：南華大學生死學系畢業專題（未出版）。

何長珠、釋慧開等著（2015）。**悲傷輔導理論與實務——自助手冊**。臺北市：五南。

蔡明昌（2007）。大學生生信念研究。**中華心理衛生學刊**，**20**(3)，235-260。

(二) 外文部分

Balk, D. & Corr, C. A., (2001). Bereavement during adolescence: A review of research. In Stroebe etal., (Eds)., *Handbook of Bereavement Research* (pp.199-218). Washington, DC: American psychological association.

Bowlby (1980). *Attachment and loss*. Vol.3 Loss; Sadness and Depression. London: Hogarth Press and Institute of Psychoanalysis.

Cleiren, M. P. H. D. (1993). *Bereavement and adaptation: A comparative study ofthe after-math of death*. Philadelphia: Hemisphere

Kissane, D., Bloch, S., & McKenzie, D. (1997). Family coping and bereavement outcome. *Palliative Medicine, 11*, 191-201.

Neimeyer, R. A., & Hogan, N. S. (2001). Quantitative or qualitative? Measurement issues in the study of grief. In In Stroebe et al., (Eds)., *Handbook of Bereavement Research* (pp.89-118). Washington, DC: American psychological association.

Oltjenbruns, K. A. (2001). Developmental context of childhood: Grief and regrief phenomena. In Stroebe etal., (Eds.)., *Handbook of Bereavement Research*. Washington, DC: American psychological association.

Parkes, C. M., and Weiss, R. S.(1983). *Recovery from bereavement*. New Yor Basic Books.

Pennebaker, J. W. (1997a). *Opening up: The healing power of expressing emotions* (Rev. ed.). New York: Guilford Press.

Rosenblatt, P. C. (2001). A social constructionist perspective of cultural differences in grief, In In Stroebe etal.(Eds.)., *Handbook of Bereavement Research* (pp.285-300). Washington, DC: American psychological association.

Shapiro, E. R. (2001). Grief in interpersonal perspective: Theories and their implications. In Stroebe etal., (Eds.)., *Handbook of Bereavement Research* (pp.285-300). Washington, DC: American psychological association.

Stroebe, M. S., Hanson, R. O., Stroebe,W. & Schut H. (2001). *Handbook of bereavement research: Consequences, coping, and care*. Washington, DC: American Psychological association.

Wortman, C. B., Kessler, R. C., Bolger,N., House, J., & Carnelley, K.(1999). *The time course adjustment to widowhood: Evidence from a national probability sample*. Manuscript submitted for publication.

延伸閱讀

何長珠、釋慧開等（2015）。**悲傷輔導理論與實務**。臺北市：五南。

何長珠等（2017）。**表達性藝術治療15講**（出版中）。臺北市：五南。

余德慧、石佳儀（2003）。生死學十四講。臺北市：心靈工坊。

紐則誠（2015）。大智教化——生命教育新銓。臺北市：五南。

崔國瑜譯（Peter C. Phan著）（2002）。生死教育——生命總會找到出路。臺北市：五南。

釋宗淳、釋德嘉（2016）。生死奧祕：十六個生命的靈性對應與臨終學習。臺北市：三應。

第七章

人間佛教的生命教育

尤惠貞

摘　要

　　「人間佛教」乃是佛陀教化的本懷，因為人間佛教是藉著參與社會、關懷社會、改善生活、解決人心困惑、實踐佛陀教化精神的具體修行法門，對於身處多元而快速變化的社會中的人們，不但形成一套教化生命的義理參考，同時亦是調適身心靈可以依循的法門。如此的佛教解行參照，實亦形構了一套人間佛教的生命教育體系與引導功能。

壹　前言

　　因應臺灣社會所面臨的諸多關乎生命各面向的問題，教育部自1997年底開始推動生命教育，2000年教育部正式宣布設立「生命教育委員會」；推行迄今，生命教育由臺灣省中等學校的一項專案計畫，逐步發展成為全國各級學校教學系統的一部分，並逐漸成為社會教育所重視的一環。

　　發源自印度的佛教乃至目前所推行的人間佛教，既對於現實生命有其具體的觀解，且其終極關懷聚焦於如何令具體生命之身心無有煩惱、超越生死，強調所有眾生都具有藉由實際修證必能如佛般成就正等正覺的可能性，並達至真正的自在解脫，如此的教理與修證實蘊含了生命教育所關懷的特質，同時也具備了生命教育所欲解決問題的依據與方法。本文即從幾個面向論析人間佛教的生命教育特質與殊義。

貳　從佛法教理談佛教的人間性與教育性

　　佛光山星雲大師曾明確表示：「追本溯源，人間佛教就是佛陀之教，是佛陀專為人而說法的宗教。」（參見星雲大師著，《人間佛教論文集·下冊》，323頁）更強調「『佛教』是佛陀對『人

間』的教化，佛陀所開示的一切教法，都是爲了增進人間的幸福與安樂，所以，『佛教』就是『人間佛教』。」（參見星雲大師口述，妙廣法師等記錄〔2016.05〕，《人間佛教—佛陀本懷》，23，高雄：佛光文化出版）依佛教的興起與傳衍而觀，釋迦牟尼佛遊化各方所弘傳之教理思想與修證方法，乃是對應現實眾生之生命苦難所開展之生命教育，目的在於應病予藥，終而藥到病除。

依早期《阿含經》之記載，因爲對於一切法之不如實知，現世中的眾生即有可能產生種種結縛，因此，爲了令眾生如實知一切法，所以佛陀解說教示苦、集、滅、道四聖諦，以及一切法所以生滅流轉以及涅槃還滅之緣起法則。如《雜阿含經》記載世尊告諸比丘：「有四聖諦。何等爲四？謂苦聖諦、苦集聖諦、苦滅聖諦、苦滅道跡聖諦。若比丘於苦聖諦已知、已解，於苦集聖諦已知、已斷，於苦滅聖諦已知、已證，於苦滅道跡聖諦已知、已修，如是比丘名阿羅漢。諸漏已盡，所作已作，離諸重擔，逮得己利，盡諸有結，正智善解脫。」（CBETA, T02, no.99, p.104, b29-c8）佛說苦集滅道四聖諦，乃至種種結縛之解脫，其目的在於令弟子乃至一切眾生，如實正觀自身之存在以及所面對之一切法，不起煩惱不受障礙，而得以離苦得樂。世尊智慧覺照一切法，並依所證悟之法調伏弟子，令得安隱、令得無畏，調伏寂靜，究竟涅槃。（參看楊郁文著（1997），《阿含要略》：6-02，434，臺北：法鼓文化）佛陀也特別教導弟子：「當觀色無常。如是觀者，則爲正觀。正觀者，則生厭離；厭離者，喜貪盡；喜貪盡者，說心解脫。如是觀受、想、行、識無常。……如觀無常，苦、空、非我亦復如是。」（參看《雜阿含經》卷1）由此可見，不論是釋迦牟尼佛之自覺證悟，乃至教化其他弟子與一切眾生，皆顯現如實觀照爲解除煩惱、脫離苦海之必要性條件，由之亦可視爲含具自我覺照修證之生命教育意涵。

正因爲這種核心價值的肯定，佛教乃是對應現實社會諸多問題的解決良方，對眞實世界提出正確的觀解態度。而且，佛法的核

心價值不會隨時代變遷而改變,因為佛法具有永續效益的價值,因為佛教不論是作為一種宗教信仰,抑或是作為一般人安身立命之所依,其教義皆需面對不同時空中的人們所處的現實社會,以及可能存在的種種問題與挑戰;因此,佛教即與現實世間產生了種種的互動關係與因應調適。依目前對於人間佛教之研究而觀,大致皆強調人間佛教具有人間性、生活性、利他性、喜樂性、時代性與普濟性等特質,而這些佛教特質,具體地提供人間佛教肯定一切眾生皆具與佛無二無別,能究竟離苦得樂、身心自在解脫之可能性的依據,亦即具足了強調一切眾生皆得成就正等正覺為終極依歸之大乘佛教的弘法利生特質。

　　誠如南華大學的創辦人星雲大師一再強調,人間佛教並未遠離佛陀的本懷而另創新說,因此,他所弘傳的「人間佛教」,指的是「佛說的,人要的,淨化的,善美的。」星雲大師表示:「人間佛教重在對整個世間的教化。一個人或一個團體,要能夠在政治上或在經濟上對社會有所貢獻,才會被大眾所接受;同樣的,佛教也一定要與時代配合,要能給人歡喜,給人幸福,要對社會國家有所貢獻,如此才有存在的價值,否則一定會遭到社會淘汰。」(參見星雲大師著,《人間佛教論文集・下冊》,323頁)星雲大師更於「人間佛教當代問題座談會」中強調:「基本上宗教的發展要迎合人心所需,只有強調出世、解脫的教義,必定曲高和寡,難以度眾;能夠迎合人心的佛教,才是人間需要的佛教。人間佛教具有時代性、生活性、普濟性、利他性、喜樂性等特色,它一面包容民間的宗教,一面弘揚佛法的真理,所以人間佛教是二十一世紀引領人類走向未來的指標。」(參見〈生死關懷探討─佛教對「民間信仰」的看法〉)人間佛教即是本諸佛法的內在精神,對應當前變遷快速的現代社會,開展出的一套佛法不離世間覺的實踐價值。星雲大師所弘傳的人間佛教,乃是:立論於「佛性平等」的根本思想;著重於「緣起中道」的真理闡揚;落實於「自覺行佛」的生活修持;放眼於「轉識成智」的生命圓融。(參看滿義法師著

（2015.05），《星雲學說與實踐》，89，臺北：遠見天下文化出版）至於人間佛教如何具體推動有益於現實社會的生命教育呢？若以佛光山寺為例，星雲大師大力宣導「做好事、說好話、存好心」之三好運動，鼓勵臺灣大專校院、高中職乃至國中、小各級學校所推行之三好友善校園實踐，目的在於藉由「做好事、說好話、存好心」以落實教化人心、人間行善，而具體證成人間佛教蘊含生命教育的慈悲行願。作為佛光山寺所創辦的系統大學之一的南華大學，連續三年皆入選為三好友善校園的實踐學校，不但獲評選為「整體績優獎」、「推廣優質獎」與成果分享典範學校，而且積極發揮大手牽小手的橫向整合力量，與福樂國小、育人國小、僑平國小、秀林小學、林森國小、龍港國小、貴林國小、志航國小、民和國小、隙頂國小、來吉國小、山美國小、新港國中、六嘉國中等多所學校，建立「嘉言義行心校園」，將「做好事、說好話、存好心」的三好精神具體落實與推廣。三好友善運動必須從每一實存個體之身行、口說與存心，乃至發願進行如實的觀照與實踐，此即充分地顯現三好友善運動與身心靈整體存在息息相關，蘊含了佛教對於具體存在之生命關懷，同時亦提供了真實生命品德涵養的教育方法與實踐之道。

參　從善巧方便談人間佛教之生命度化

在一個多元、變遷快速的現代社會，多元價值已成主流、個人選擇也需尊重。然而，臺灣社會乃至其他許多國家，長期以來重科技、輕人文所造成的功利導向的社會價值觀，對於目前社會中因壓力、憂鬱所引起之自我傷害、霸凌乃至隨意砍殺的事件實難辭其咎。若依人性追求圓融無礙的境界而言，修學大乘佛教之菩薩行者，在具體修行的過程中，必然關懷應如何對待與安立現實世間的一切事物；而面對因為現今社會經濟之不穩定、高失業率、為了快速成就隨之而產生的身心壓力與情緒障礙等種種問題的各類眾生，

佛教應以何種方式弘法與利生，方能真正證成佛教之所以成其為度化世間之「人間佛教」，同時又能充分顯現其能教化一切眾生之生命教育特質？這些值得深思與探究的議題，或可從佛教經典所教化的義理得到啟示。

《妙法蓮華經》宣說佛陀教化眾生之本懷與慈悲：佛所以出現世間，乃基於一大事因緣，即為了開佛知見、示佛知見，以令一切眾生皆能悟佛知見、入佛知見。亦即諸覺悟者所以出現於世，其目的即在於開示佛之知見，以期令諸有情眾生皆能悟入佛之知見，同證諸佛涅槃寂淨、圓滿自在之境界。簡言之，法華經義之主旨在於彰顯慈悲覺了之佛，以種種言說、譬喻與善巧方便隨緣度化眾生，佛之本懷在於開示一切眾生「佛之知見」，令一切眾生得以悟入「佛之知見」而證悟「諸法實相」，皆能與佛同登法界、共證正等正覺。又，《妙法蓮華經·法師品》有云：「不聞法華經，去佛智甚遠。若聞是深經，決了聲聞法，是諸經之王，聞已諦思維，當知此人等，近於佛智慧。」（參看《大正藏》9，p.32a）此首偈頌不但顯示聽聞《妙法蓮華經》之重要，也強調若能覺了《妙法蓮華經》之深意，則所成就之智慧近於佛智。

快速進步的社會無可避免地存在諸多割裂的心靈、空虛的生活，以及痛苦的生命，汲汲需要生命的關懷與療癒之方；強調慈悲度化一切眾生的大乘佛教或可令病苦的生命得到滋潤。要渡眾生需用眾生法，透過參與現實生活脈動，吸引眾生由其習慣的模式、偏好的價值，逐漸向佛法精神轉移，進而親近佛法，此正是人間佛教淨化人心、度化眾生、轉化社會所推行之生命教育。如《維摩詰經·方便品》中對於維摩詰居士之描繪，非常詳實地彰顯維摩詰居士所含具之大乘菩薩的智慧功德，而從維摩詰居士自身所成就之菩薩功德智慧以及於現世度化種種眾生之善巧方便，亦有助於吾人具體理解大乘菩薩在現實世間如何弘傳佛教正法與度化利益一切眾生。易言之，人間佛教著力於如何透過更善巧方便的法門，亦即更多元的管道，更生活化的方式，乃至從佛教經典所蘊含的生命教育

意涵，將傳統佛教經典的義理與智慧進行現代詮釋，具體整合佛法與身心靈健康，以確實令社會大眾在生活中實踐並由之有所受用，進而達到佛教人間化的終極目標。

例如：佛光山星雲大師曾明白指出：「百年來的佛教，歷經廟產興學、戰爭等各種因素，力倡人生佛教、人間佛教，融合出世與入世，傳統與現代，以文化、教育、弘法、慈善等各種方式，積極推動『從僧眾到信眾、從寺廟到社會、從自學到利他、從靜態到動態、從弟子到教師、從本土到世界』，將人間佛教普及於各行各業。」（參看《人間佛教—佛陀本懷》，第五章：當代人間佛教的發展，241）而佛光山更藉由文化出版、教育辦學、弘法活動、慈善事業與國際弘法等面向，如施設佛陀紀念館、佛光緣美術館，與推動生命教育十堂課、禪淨共修、短期出家與國際禪學營等活動，皆具體展現了佛光山推動當代人間佛教發展的善巧方便與具體成效。（參看《人間佛教—佛陀本懷》，第五章：當代人間佛教的發展，242-309）

肆　從處處道場談人間佛教的生命實踐

人間佛教所重視的乃是如實的生命實踐，具體而言，亦可視爲佛教的人間化與生活化。《維摩詰經》（《大正藏》14）中提到許多有關去除煩惱著執與修行悟道的法門，而重要的是維摩詰居士最終極的目的是希冀一切眾生皆能開示悟入諸佛知見，即於現實世間共證佛果。例如《維摩詰經·佛國品》述及：「寶積！菩薩隨其直心，則能發行；隨其發行，則得深心；隨其深心，則意調伏；隨其意調伏，則如說行；隨如說行，則能迴向；隨其迴向，則有方便；隨其方便，則成就眾生；隨成就眾生，則佛土淨；隨佛土淨，則說法淨；隨說法淨，則智慧淨；隨智慧淨，則其心淨；隨其心淨，則一切功德淨。是故寶積！若菩薩欲得淨土，當淨其心；隨其心淨，則佛土淨。」（參見CBETA, T14, no. 475, p. 538, b26-c5）

因此，《維摩詰經・菩薩品》指出人世間處處是道場、一切法是道場：「直心是道場，無虛假故；發行是道場，能辦事故；深心是道場，增益功德故；菩提心是道場，無錯謬故；布施是道場，不望報故；持戒是道場，得願具故；忍辱是道場，於諸眾生心無礙故；精進是道場，不懈退故；禪定是道場，心調柔故；智慧是道場，現見諸法故；慈是道場，等眾生故；悲是道場，忍疲苦故；喜是道場，悅樂法故；捨是道場，憎愛斷故；……緣起是道場，無明乃至老死皆無盡故；諸煩惱是道場，知如實故；眾生是道場，知無我故；一切法是道場，知諸法空故；……一念知一切法是道場，成就一切智故。」（參見CBETA, T14, no. 475, p. 542, c15-p. 543, a5）換言之，參與人間世、渡化有緣人、挑水砍柴皆為佛法；淨化社會風氣、推動社會改革，運用現代科技，傳播弘揚佛法，現實世界，處處皆為道場。所謂大隱隱於市，繁華幻滅的世界，就是每個人的道場，修行不必一定要在深山。只要能夠時時觀照自心每一當下所面對的諸多情境，既是因緣和合、假名施設，自然無有自性，亦非恆常，如此自能即於一切法而見諸法之真實存在樣態；綜攝而言，隨著每一心念皆能觀空、觀假、觀中，則一色一香無非中道；轉念之間煩惱即菩提，人間自有淨土。此即天臺祖師智者大師宣說圓頓止觀所強調的不斷斷的修持方法：當吾人面對緣生緣滅之諸法，一念相應所呈現之境，若不落有無、斷常等心意識之分別造作，則一切境界皆是中道實相。（相關文獻請參看《摩訶止觀》有關「圓頓止觀」之詮釋，見CBETA, T46, no. 1911, p. 1, c23）

　　吾人若用心觀察，人世間無處不是生命實踐的道場，此可從諸多佛教道場團體之興辦各類學校，教育各類眾生，令其開啓智慧以應對自身之未來得到具體例證；亦有佛教團體建立醫療系統或進入偏遠地區提供醫療服務，以減輕現實眾生之病痛；乃至其他諸多場域之佛教弘法與利生，如此不正顯示人間佛教的生命實踐無處不在，人間佛教的道場已然具體而微地顯現在學校、在醫院、在感化院、在企業界、在朝九晚五的上班族之工作場域、在每日汲汲營營

爲生計而努力的販夫走卒中、在夫妻相處、親子互動之中，……因爲面對這些情境，都是人間佛教實踐菩薩慈悲喜捨之眞實場域與修證歷程。借鏡上述維摩詰居士所闡釋之世間無處不是道場，乃至「行於非道即是通達佛道」思想，不但將大乘菩薩之自度度人、自利利他的精神具體表現出來，同時也揭示了圓教義理方便權巧、圓滿融攝的特質。

伍　從行住坐臥談人間佛教之生命體證

　　誠如地藏菩薩「地獄未空、誓不成佛」的宏願，說明自覺覺人、自度度他的佛法精神，每個人都可以在現世中渡化他人，也可以在社會中實踐佛法。但如何能眞正地實踐與證成呢？或許可以從佛教經典中尋繹出可參照與依循之指引，如作爲大乘般若系經典之精要代表的《般若波羅蜜多心經》，非常精簡扼要地闡明：觀自在菩薩之所以得以度一切苦厄，乃歸功於徹底地修證般若波羅蜜多，如實照見五蘊皆空而達至。

　　又，《金剛般若波羅蜜經》曾提出正信之佛教徒發阿耨多羅三藐三菩提心時，「應云何住？」又「應云何降伏其心？」的問題，而佛陀在〈妙行無住分第四〉中具體地回答須菩提：「菩薩於法，應無所住，行於布施。所謂不住色布施，不住聲香味觸法布施。」而於〈離相寂滅分第十四〉中更強調：「菩薩應離一切相，發阿耨多羅三藐三菩提心。不應住色生心，不應住聲香味觸法生心，應生無所住心。若心有住，則爲非住。」菩薩心不住著於任一法而行菩薩道，故能一念具足萬行。綜觀《金剛般若波羅蜜經》以無住著之心觀照一切法，綜攝而言即是「一切有爲法，如夢幻泡影，如露亦如電，應作如是觀。」

　　以在家居士維摩詰爲中心，宣揚唯心淨土、從無住本立一切法、除病不除法、不二法門、以及不思議解脫等極重要義理之《維摩詰經》，藉由對不二法門之闡釋，乃至維摩詰居士之聖默然，以

彰顯「不斷煩惱而入涅槃」之不思議解脫法門；而《維摩詰經》對於維摩詰居士之描述，亦具體而微地顯示維摩詰居士自身即是解脫自在之最具代表性的典範。維摩詰居士所以是眾生之大善知識，乃基於其為覺行圓滿之大菩薩，不但自身具足智慧、功德，而且能為一切眾生善巧方便地開啟般若大慧，破除無明而照見諸法實相。從維摩詰居士與一切眾生之互動中，顯而易見其中所蘊含的生命關懷與教育開導之精神，而此亦足以作為人間佛教弘法利生之借鏡參照。

　　《妙法蓮華經·方便品》曾宣說：「若於曠野中，積土成佛廟，乃至童子戲，聚沙為佛塔，如是諸人等，皆已成佛道。……若人散亂心，乃至以一華，供養於畫像，漸見無數佛。或有人禮拜，或復但合掌，乃至舉一手，或復小低頭，以此供養像，漸見無量佛。自成無上道，廣度無數眾，入無餘涅槃，如薪盡火滅。若人散亂心，入於塔廟中，一稱南無佛，皆已成佛道。」（見《大正藏》9，8c-9a）依此偈誦之意涵而觀，可具體見出《妙法蓮華經》之教義強調一切眾生，無論其根機如何，只要在現實生活中隨順因緣，虔敬向佛，或積土成佛廟、聚沙為佛塔；或以華供養佛像、或禮拜、或合掌，乃至舉手、低頭，以此供養佛像，皆能漸見無量佛；或自行化他、或稱念南無佛，則無不皆能解脫自在、究竟證成佛道。

　　又禪宗雖倡「教外別傳」，究實而言，應仍屬佛教教義內的教外別傳，亦即立基於佛教之根本義理與精神，而特顯直指人心、見性成佛之當下頓悟。禪宗直指人心，目的在於掃除繁複教相所可能帶來的執障與滯礙，而特別彰顯「即心是佛」之修證宗風，然而此種強調當下體證的禪修法門，仍然有其所以能頓悟之義理憑藉，如此方能在事行上如理作意、任運自在。《六祖壇經》中記載神秀與惠能二人對於證道之不同體悟，其中神秀偈為：「身是菩提樹，心如明鏡臺；時時勤拂拭，勿使惹塵埃。」而惠能偈則為：「菩提本無樹，明鏡亦非臺；本來無一物，何處惹塵埃？」依《六祖壇經》

所示，惠能認爲神秀實未見道。又，當六祖惠能對常誦《法華經》之法達談論經義與證悟時，曾說：「心迷法華轉，心悟轉法華，誦經久不明，與義作讎家。無念念即正，有念念成邪，有無俱不計，長御白牛車。」（《六祖壇經》機緣品第七），此不但明白顯示禪宗祖師對於佛教義理之如實體悟與經教之客觀理解，同時亦指出經義與觀證相輔相成之關聯。因爲六祖惠能強調本來無一物的人生智慧，乃至超脫煩惱與菩提之二元對立，對於二十一世紀的現今社會，或可發揮生命關懷與人文療癒的效能。

宋朝無門慧開禪師曾有一詩偈，將佛教在現世的生命體證詮釋得非常人間化、生活化，其詩云：「春有百花秋有月，夏有涼風冬有雪；若無閒事掛心頭，便是人間好時節。」（參見CBETA, T48, no. 2005, p. 295, b23-24）而星雲大師在〈修行的眞義〉中亦明白開示：「不需離世求道，在世俗人間，講經弘法是修行，服務大眾是修行，福國利民是修行，五戒十善是修行，正見正信是修行，結緣布施是修行，慈悲喜捨是修行，四弘誓願是修行。人間的佛陀，不捨棄一個眾生；人間的佛教，不捨棄一點世法。我們認爲：乃至行住坐臥，揚眉瞬目、舉心動念、示教利喜……，哪一樣不是修行？」（星雲大師，〈修行的眞義〉，《往事百語》第六冊，36-37）

陸 結論

綜上所引佛教經典所述，以及由之所尋繹出之生命修持所依之道，足以顯現從傳統教義以至於人間佛教皆提供信眾及百姓一個親近佛法的途徑，讓佛法能夠進入人們的生活之中，不但在待人處事，更在行住坐臥、柴米油鹽醬醋茶乃至一呼一吸中，發揮潛移默化的功能；佛法不但不需假於外求，而且是在日常生活中舉手投足皆能親近；佛法是讓人們親近的，佛法並不是高不可及的。從生命體證的面向而觀，人間佛教讓佛教不再遙不可及，讓親近佛法成爲

人們的生活習慣，佛陀的教化也因此真正成為生命實踐的重心，人性尊嚴的護持！

　　星雲大師於〈中國佛教階段性的發展芻議〉中特別指出：「人間佛教是正見的佛教，我們要正見佛陀是人間的覺者，而不是來無影、去無蹤的神仙；我們每個人都應該對自己的行為負責，而不可以要求諸佛菩薩做為我們的守護者。我們不可以把佛陀當作神明、保險公司；佛陀只是開示教化我們真理，做為我們改善人生的準繩。因此，人間佛教是要用佛法來淨化我們的思想，用正道來規劃我們的生活。人間佛教就是要吾人重視生活的樂趣、擁有淨化的財富、享受正當的娛樂、胸懷慈悲的處事，也就是要把佛法落實在人間；凡是有助於生活美滿、家庭幸福的，都是人間佛教。」（參見《星雲模式的人間佛教》，頁334）本文藉由從佛法教理談佛教的人間性與教育性、從善巧方便談人間佛教之生命度化、從處處道場談人間佛教的生命實踐、從行住坐臥談人間佛教的生命體證四個面向的詮釋進路，希冀能令閱讀者，對於佛教所以是人間佛教，以及人間佛教所蘊含的生命教育有所認識與體會，並由之獲得啟發與助益；進而對於人間佛教的理論與實踐、生命關懷乃至社會教化等生命教育面向的研究與推行有所影響。

參考文獻

《雜阿含經》卷1。參見《大正藏》1。

《妙法蓮華經》參見《大正藏》9。

《維摩詰經》參見《大正藏》14。

《摩訶止觀》參見《大正藏》46。

楊郁文著（1997）。阿含要略。臺北市：法鼓文化。

星雲大師（1999）。修行的真義。往事百語第六冊，36-37。

星雲大師（2006）。星雲模式的人間佛教。334。

星雲大師等著（2013.08）。**人間佛教的發展**。高雄：佛光。

滿義法師著（2015.05）。**星雲學說與實踐**。臺北市：遠見天下文化。

星雲大師口述、妙廣法師等記錄（2016.05）。**人間佛教 —— 佛陀本懷**。高雄：佛光。

牟宗三先生（2003.05）。牟宗三全集4。**佛性與般若**下冊。1083。

尤惠貞（2015.04）。人間佛教的弘法與利生——借鏡《維摩詰經》的論析，見**漢傳佛教研究的過去、現在、未來會議論文集**。宜蘭：佛光大學佛教研究中心。

問題與反思

一、佛教與人間佛教有何關聯？

二、人間佛教與生命教育之關涉為何？

三、善巧方便對於人間佛教之生命度化的意義與助益為何？

四、強調人間處處皆是道場的實質意涵為何？

第八章

以儒家奠基生命教育之現代意義：以音樂體現人性之善

陳士誠

摘　要

本文論說儒家之音樂哲學如何在當代之紛擾世界中能占有一席之地位，從而提供一生命教育之堅強基礎，這即是由〈樂記〉所建立心中之靜。在這心中之靜中，雖〈樂記〉說可排除六情之樂，但若推廣此說，則依此心中之靜，人即可在現今世界中抵消無故紛起之情識，從而可清明自己之心緒，達到以自己清明本性而來的治療，而非一泛泛的基於技術策略之應對。當然，這論文還是以哲學方式呈現，其中的意義乃在於打破現代藝術所強調的「為藝術而藝術」（arts for arts）之孤立性，並建立一套倫理人生的藝術觀，依此，儒家之生命教育之奠基即可完成，從而亦建立一與別不同的生命教育。

壹　本文之目的

藉儒家音樂哲學透視人倫理價值以發掘其開啟生命教育之底蘊，並藉此說明以音樂建構生命教育之可能性。

貳　論題之確定

一、人生總是追求善，以音樂致之

追求善有許多障礙，在有限人生中不易達到，然卻可藉能易感受的藝術致之，因而在追求善的過程中，不再是件辛苦之事，而是一種在優雅的愉樂中完成，是孔子所謂興於詩，立於禮，成於樂之本意。本文即以揭示儒家如何在善（倫理）與樂（藝術）之結合中，達致人之生命意義之踐履與發揚，從而以此建立生命教育奠基之最高可能性。

然因應主題之設定，本文先說明生命教育中的生命一詞之意涵作出規定。近十多年來，臺灣興起對生命教育之討論與實踐，然對

生命一詞，有各種解釋，似乎合於使用者的主觀想像，即可用之；例如：生物性的生命，這屬於自然生命，有身體、成長、死亡等。又有所文化生命，指的是文化如生命般成長與發展，但增加了人對之價值判斷。又例在藝術上，有指自由是藝術之生命，謂政府或宗教，不應干預藝術以熄滅其發展，因而有藝術只服務於藝術之理代觀點。因而，對使用生命一詞之確實意涵，需先有明確之界定，而後能進一步討論。

二、進一步闡釋

生命是人之生命，人總應以善爲最終目的。本文之所謂生命，乃謂人對善之追求所展現出的目標設定與實現之能力與態度。在本文之理解下，即要說明，儒家如何透過人心生啓發音樂，從而又使可借音樂發展自己之人性善，從而說如何能從其音樂達到它最高的目的——人之善，並從而完成一個生命教育之典範。

參　方法問題

本文主要是藉探討儒家之音樂觀來揭示生命教育之可能性，在論文中先從中國古代如《左傳》與《論語》音樂觀開始，其後是《荀子》之〈樂論〉以及《禮記》之〈樂記〉。最後，爲著說明從儒家這種由音樂人性論到生命教育之發展，筆者嘗試以一般之哲學方法，簡略說明此人生與藝術結合的生命教育之現代意義。

一般而言，音樂乃使人愉快者，所以中國即有樂者樂也之說；音樂之樂一詞，也即快樂之樂，兩者也總相連著。後來發覺音樂所引發的情感，除了快樂外，亦有如喜怒哀等；因而音樂即表示情感進而音樂與人性有密切相關性。人之性情與人之道德有極大關係，因爲一般而言，人之作惡，常因人被其性情所左右，因而如何能讓性情不偏不過度而爲中庸，即是儒家工夫實踐論中的一個重要課題。性情既可爲音樂所生起，亦當可藉音樂把性情帶到中庸之道

中；因而人若在音樂下工夫，即在人性情之中庸下，從而連繫到人之心，音樂由人之本心而發，人之道德即可在音樂中得體現，以完成孔子成於樂之說。這是中國儒家之音樂倫理觀之基本架構——音樂、人性以及性情相互影響。以下即以此爲題，論述中國儒家如何藉此音樂倫理說，建構一套由人心與本性英華外發的音樂之生命教育。

肆　儒家基於人性善論之音樂哲學

一、音樂與中庸

中國音樂與人性論有密切之關係，其中所進行之討論的，可以上溯至《左傳》，它賦予音樂以五行思想及道德倫理意義者：「用其五行，……章爲五聲，淫則昏亂，民失其性。」（本文《左傳》引自，《十三經注疏》，北臺：藝文，第五冊，頁889。藝文翻印之宋刻版並無出版年月）[1]這是《左傳》以自然存在配以五行思想，又與倫理相關，其中涉及到淫。五聲爲：宮、商、角、徵與羽五音階（Scale），配Do，Re，Mi，Sol，La，而缺了Fa，Si，西洋音樂則有七音。此所謂「淫」，非意色情，而是過度、太過之意。（徐復觀：《中國藝術精神》，臺北：學生書局，頁22）因而，《左傳》對音樂之論，非針對音樂作爲道德中性者，而是指音樂有其教育意義，要人做事不要流連忘返，過度即出問題，此即後來中庸之說，要人做事不能走向兩極，也即在人之中追求平和之心。儒家之思想，後來即以此發展爲其基礎，要求人之中庸性格，以不過度爲人生規範。

《左傳》之說，多以統治者爲目標，在當時孔子即已不只向特殊階級說教，而是及於一般人生之上，把這中庸之說的音樂觀，指向人生音樂的普遍理論，即所謂：「放鄭聲，遠佞人；鄭聲淫，佞人殆」〈衛靈公〉，這種人生音樂觀，不鼓勵人流連於鄭衛之音，

使人不得中庸之道。但背後之哲理基礎，乃是音樂不止是引起愉快之心理狀態，而是要在音樂之中，從照顧到人生各方面的平衡之中庸之道，來理解音樂之本原，從而成就一人生音樂論。若以十九世紀開始的理解音樂爲藝術，音樂應該在道德上與政治上中立的，然《左傳》與《論語》即開啓了把音樂與人生教育結合一起，這在世界教育或藝術思想史上，是一件大事，因爲藝術作品與人生有最緊密之關係，日後如韓愈之文以載道，其背後之理論基礎，也即依於這關係之預設上。這在當時孔子之生活中，即有極其美妙的人生一音樂之盛禮：「莫春者，春服既成；冠者五六人，童子六七人，浴乎沂，風乎舞雩，詠而歸。」（〈子曰〉），舞必與樂相連，成於樂，即是成於這種近乎藝術之美的態度；這自由之境界只是從人生之自由精彩處才能看到：其中沒有政治考慮，沒有利益計較，只是隨樂而舞，不偏於任一方之生命態度，乃這是一種眞正的自由，儒家即以中庸表之。

　　但隨後之發展音樂與人生之規範，息息相關，進一步發揮音人生樂者，即是荀子。此時之倫理，即以聖王之禮表示之。

二、《荀子》由性情到音樂

　　若說音樂需從中庸之不淫去理解，在孔子中聽到鄭聲之亂樂，皆因其音樂失去中庸之道也。若要中庸之不淫來評價音樂，必須要回到人本身，因爲價值源自於人。確定這音樂與人之關係，即是荀子，他把性情連繫到音樂。《荀子》之〈樂論〉比《禮記》之〈樂記〉更早地從性情來說音樂：「夫樂者，樂也，人情之所必不免也。」（李滌生：《荀子集釋》，臺北：學生，73年修訂第三版，頁455）樂，乃快樂之樂情，是諸性情之一，故此說以人之性術發爲聲音之樂：「故人不能無樂，樂則必發於聲音，形於動靜。而人之道，聲音動靜，性術之變，盡是矣」（頁455）。「性術」，乃謂如喜、怒、哀與樂等性情；荀子謂，人有喜怒之情，然發之於音樂之聲，此即音樂之基礎—人，而非自然。[2]

三、音樂之教化功能

　　人性惡，乃荀子之主張：所謂性本身乃過度，即惡，如「生而有好利」、「生而有疾惡」、「生而有耳目之欲」，若順其所是，則爭奪，殘賊以及「淫亂生而禮義文理亡」（〈性惡篇〉，頁538）。進而，音樂既從人性之樂而出，則音樂亂，即人性亂。因此，對治政治之亂，也可從對治人性與音樂開始，因此：「先王惡其亂也，故制雅頌之聲以道之。」（〈樂論〉，頁455）倫理政治與音樂之間，有一相互影響之關係。音樂亂，則人性亂，人性亂，則國家亦亂：「樂中平則民和而不流，樂肅莊則民齊而不亂……樂姚冶以險，則民流僈鄙賤。」（〈樂論〉，頁459）這一連串之推論，在其後的《禮記》所承繼，故無不以人性表音樂，又以音樂反過來改善人之行為。

　　在《荀子》所以強調音樂，其基礎乃源自這種音樂與人性之關聯，由其人性論轉至到音樂，而非空頭無根地，單從音樂之功能上來說：「民有好惡之情，而無喜怒之應，則亂；先王惡其亂也，故脩其行，正其樂，而天下順焉。」（〈樂論〉，頁460）音樂即是修人之善，即使之不過度而中庸；反之，惡即是性情之過度，反映在音樂中，表象在其中，人修音樂，即可反過來修人之性情，而致人之善。這是荀子哲學之特色，他不從人性本身來說安頓，而訴諸外在的政治制度，即故先聖王之為人民定下音樂之規範，因此天下得以平治。上所引之文本所謂喜怒，亦指聖王之喜怒：「且樂者，先王之所以飾喜也；軍旅鈇鉞者，先王之所以飾怒也。先王喜怒皆得其齊焉。喜而天下和之，怒而暴亂畏之。」（〈樂論〉，頁458-9）喜怒雖是人之性情，但在此，荀子卻以古聖王之情性，來修正音樂，以使天下和平。天下和平，也即人心平和。因此，荀子雖把音樂與人之性情相連，但在根源上乃以聖王為主，而非以人之一般性來說明。這乃隔了一層，而非直接針對人本身，修正荀子之說，後有《禮記》〈樂記〉之努力。

四、人性之善與大樂──音樂之教化功能在人性論之基礎

　　荀子之說未能進致以普遍性觀點看人性與音樂之關係，此點被〈樂記〉之作者看到，故一方面承續由人之性情論音樂，但在另一方面由人之更高之普遍主體上論大樂。這主體即是「樂由中出」之靜，此乃天之性也。雖然〈樂記〉解決了《荀子》之困難，但〈樂記〉乃承《荀子》〈樂論〉，把音樂視爲由性情而出，把音樂之情性，與道德之性情同一，一是音樂藝術領域，另一則在道德領域，因而在〈樂記〉中，把藝術與道德領域，通而爲一，並且以一普遍的觀點而非荀子僅限於聖王之個別化觀點，開啓日後以音樂之調校，作爲人生修養之大道─音樂的，同時是成就道德的，以及達至政治上的和諧，這當然不是現代音樂觀那種只視藝術爲藝術之孤立觀點可比者。以下說明此點。《禮記》之〈樂記〉句首即說明音之生起在於人心：「凡音之起，由人心生也。」（《禮記》〈樂記〉，引自《十三經注疏》，臺北：藝文，第六冊，頁662。此翻印版並無出版日期）[3]這裡所謂「音」，就是音樂。當時並無「音樂」一詞，卻有音樂一義，故續云：「比音而樂之，及干戚羽旄，謂之樂。」（〈樂記〉，頁662）所謂「干戚羽旄」乃樂器，故云：「鐘鼓管磬，羽籥干戚，樂之器也。」（〈樂記〉，頁669）[4]因音樂乃由各音階之節奏比例而成，樂器只是演奏之工具，所以比音而樂之，配以樂器，指的即是音樂。然而，〈樂記〉此處主要目的是要尋找音樂在主體上之起源，也即是心。然所謂「凡音之起，由人心生也」，乃是一般性地說明音樂在主體上之根據，但心又如何從人而生，卻有不同的方式，這裡便涉及到兩層主體性。即是以性情所理解之心，屬經驗人類學的──相應的是六情之樂；另外即是從人先天而生之性，由靜所理解的心──相應則是大樂。而且兩層主體高下有別，前者低，後者高，由後者規範前者；即大樂規範後者所生之六情之樂。心在〈樂記〉中先是由物所觸動而致之聲：「人心之動，物使之然也。感於物而動，故形於聲。聲相應。故生

變；變成方，謂之音。」（〈樂記〉，頁662）心因由物所感觸而後動，發爲聲，故知心乃被動者；但聲亦可由中（即心，見下文）所發動而致之聲：「情動於中，故形於聲」，這卻是主動性的。上述所言，〈樂記〉主張由六情而起之音樂，筆者稱爲六情之樂：「其哀心感者，其聲噍以殺；其樂心感者，其聲嘽以緩；……其愛心感者，其聲和以柔。」（〈樂記〉，頁663）哀心之動爲哀情，樂心之動爲樂情。六情之樂非固定的，因此並非人之不變之性，而是隨物而動：「六者，非性也，感於物而後動。」（〈樂記〉，頁663）六情之樂在日常生活也隨處可見，例如：比賽勝利，心情變好而哼歌；但亦可因偶然而使心情低落而曲調有變。因此，音樂之起源便回到人之心理狀態。

所以，心爲物所感而有情，心感不同之物便有不同之狀態，即有不同的情感。因此情感可謂表達心之不同方式。但這不表示〈樂記〉放棄孔子以淫與不淫之中庸之問題架構，而只從音樂如何在人與物相關中生起，因爲〈樂記〉還有大樂之概念。

所謂大樂，即「樂由中出」之樂，它乃出自人之天生之性，此人之天生之性是「靜」：「人生而靜，天之性也。」（〈樂記〉，頁666）靜也是樂由中出之靜：「樂由中出，故靜。」這裡即涉及〈樂記〉心之第二義，即非感物而動之天生之性。

五、人天生之性－靜

〈樂記〉之中，由心而見，是指心中或內心之意。[5]此中之心義，可從〈樂記〉中四暢「安其位而不相奪」來說明：「陽而不散……柔氣不懾，四暢交於中而發作於外，皆安其位而不相奪也。」（《禮記》〈樂記〉，頁680）「交於中」，即交於內心，「發於外」是指音樂由內心發於外；又如「三者本於心，然後樂器從之。……和順積中而英華發外。」（〈樂記〉，頁682）所謂積中，即是積於心中，積於內心之意，積於內心然後音樂發於外，故云：「英華發外。」大樂乃指由心而發之音樂，非由感物而發之被

動性的六情之樂；前指四暢「安其位而不相奪」與「和順積中而英華發外」之義，心不是這競逐之態，而是一和諧之態，後者則指心之性情處於競逐之態，因而有亂無序。這和諧狀態並不能由感物之情來說明，因爲感物之情是受物所刺激而生，它本身是受到所受刺激之強度與廣度來決定者，因而它難於保持和諧，只是隨刺激而變之競逐。只有在「四暢交於中」與「和順積中而英華發外」，才能夠說和諧；既是和諧，即也表示孔子之不偏倚之中庸之道。心處於和諧，即和諧而靜，此即人之天性：「人生而靜，天之性也。」（〈樂記〉，頁666）此乃人最根源的狀態，大樂即由此而出，這大樂不是由感物而生，感物被推動而生，必定是複雜的，因人之外部事物必顯現爲多樣性；大樂是最眞純之心性而生，因此它必定是簡易者：「大樂必易。」（〈樂記〉，頁668）性，是靜態地說之靜，當音樂從這天生之性而出，則是動態地說。儒家之音樂哲學，發展到〈樂記〉，即開展出一個以心中之靜爲基礎的音樂觀，在其中，人之情感不能再左右人生之目的，而是由人之本心所外發所表意之人生態度，這即是以中庸之道作爲人之生命之核心，而不是情感之奴僕。這顯示出來的是一種簡易之音樂，表示人之生命最內部之平靜。

伍　儒家生命教育之現代意義 —— 由《禮記》〈樂記〉而來的生命教育之開展

　　眞實的生命在於它有其自主性，否則也只是奴僕性的，儒家由音樂所開展出的生命教育，乃奠基在其人性論之中，依這人性論，人可排除六情之干擾，直由心之本性，即人性之善，發展出以靜爲核心之音樂之源。這是一種自主性的音樂世界。在排除六情干擾，在現代世紀中，有其深刻意義，主因在於世界乃處一爲激情擾動之中，人不得在其中靜心下來，深思自己之過去，現在與未來，在儒家之音樂論中，提供一基於人性善之靜的基礎，從而人可依此發展

出一套針對現時世界的教育哲學，並在具體課程中實施。這實施的整體細節，也將是筆者下篇論文之主要題目。

註　文

1　據蔡仲德，中國對音樂之討論可上溯至《國語》之〈周語上〉，見氏著：《中國音樂美學史》，（北京：人民音樂出版社，2003），頁33。

2　中國音樂哲學之發展，到荀子時還沒有音樂一詞，但此文本把「音聲」接到先王制「雅頌之聲」，所以這裡所謂聲音或音聲指的即是音樂無疑。文本中之「情」，乃實情之意，而非性情之意。但快樂之樂則是性情無疑，故意謂：人之實情是有快樂之情，此乃不可避免者。

3　〈樂記〉成書於何時何人？自是中國美學史之一大公案，本文不擬涉及。然〈樂記〉與《荀子》之〈樂論〉有數百餘字相同，成屬有趣。荀子前後之先秦論著從未提及〈樂記〉，此點大概可知〈樂記〉後於荀子其人。而《荀子》中其他部分均無與其他先秦論著相同之情形，則亦可推論荀子不至於抄襲〈樂記〉之文字思想。本文以思想發展為軸心，並非以時間為序，所以並不考慮時間問題。但就思想之成熟度而言，《禮記》之〈樂記〉比之《荀子》之〈樂論〉，自當較為晚出。

4　關於〈樂記〉中討論「聲」、「音」與「樂」之間的辨名分判，請參吳冠宏：《魏晉玄義與聲論新探》，（臺北：里仁，2006），頁188。

5　朱子在這裡有不同的詮釋，他把「心」與「性」分開。參朱子：〈樂記動靜說〉，（載於《朱文公文集二》，臺北：商務），頁1238。此翻印本並未註明出版日期。朱子在這裡把〈樂記〉中之生而靜之天生之性，理解為未感之純粹至善。有性，即有是形，有是形，即有是心，於是能感物，感物則有好惡分。在此，純粹至善之性，並非心，性，並不感物，感物是從心而言。所以，朱子之心，並非「樂由中出」之「中」，「中」只是「性」，性乃純粹至善，無關於惡。涉及善惡者，乃心，由心感物而說善惡。

參考文獻與延伸閱讀

(一) 中文部分

方銘健（2007）。西洋音樂史。臺北市：仁泉。

王次炤（2000）。音樂形式的構成及其存在方式。二十世紀中國音樂美學。北京：現代出版社。

朱榮智（1992）。莊子的美學與文學。臺北市：國立編譯館。

朱熹。樂記動靜說。載於朱文公文集。臺北市：商務。

牟宗三（1974）。才性與玄理。臺北市：學生。

吳式鍇（2004）。和聲藝術發展史。上海：上海音樂出版社。

吳冠宏（2006）。魏晉玄義與聲論新探。臺北市：里仁。

李美燕（2001）。從〈聲無哀樂論〉探析嵇康的和聲義。鵝湖月刊。309期，3月。臺北市。

李澤厚、劉剛紀（1986）。中國美學史。臺北市：漢京文化。

李曙明（2000）。東西方音樂美學之比較研究。二十世紀中國音樂美學，北京：現代出版社。

宗白華（1994）。宗白華全集。安徽：安徽教育出版社。

徐復觀（1966）。中國藝術精神。臺北市：學生。

時曉麗（2006）。莊子審美生存思想研究。北京：商務。

張晚林（2007）。徐復觀藝術詮釋體系研究。上海：上海古籍。

張蕙慧（1997）。嵇康音樂美學思探究。臺北市：文津。

陳士誠（2012）。從兩種論證揭示〈聲無哀樂論〉之結構，刊於政大哲學學報，28期。

陳望衡（1988）。中國古典美學史。湖南：湖南教育出版社。

嵇康（1998）。新譯嵇中散集。臺北市：三民。

嵇康（1998）。聲無哀樂論。嵇中散集。臺北市：三民。

劉綱紀（2006）。中國書畫、美術與美學。武漢：武漢大學。

劉綱紀（2006）。略論徐復觀美學思想。傳統文化、哲學與美學。武漢：武漢大學出版社。

蔡仲德（2003）。**中國音樂美學史**。北京：人民音樂出版社。

蔡仲德（2008）。中國音樂美學史（修定版）〈緒論〉。音樂美學，上海：上海音樂
　　學院出版社。

蕭振邦（2003）。嵇康〈聲無哀樂論〉探究──兼解牟宗三疏。**鵝湖學誌**，第30
　　期。臺北市。

戴璉璋（1997）。玄學中的音樂思想。**中國文哲研究集刊**，第**10**期，臺北市。中研
　　院。

謝大寧（1997）。試析〈聲無哀樂論〉之玄理。**中國學術年刊**，18期。臺北市。

韓鍾恩主編（2008）。**音樂美學**。上海：上海音樂學院出版社。

(二) 外文部分

E. Hanslick. *Von Musialisch-Schoenen* (1997)。陳慧珊譯。臺北市：世界文物。

I. Kant. *Kritik der Urtheilskraft*. a.A.

Michael Sullivan (1967). *The Arts of China*. California: University of California Press.

問題與反思

一、中庸作為中國儒家之音樂精神，〈樂記〉如何完成以心中之靜之樂理
　　建構？

二、在紛擾世界中，這心中之靜如何能發揮穩定人之心緒之作用？

第九章

放鬆紓壓

釋永有

摘　要

　　本篇針對壓力作探討，介紹壓力定義，並說明壓力從哪裡來？以及個人感受到壓力後的反應，再進而針對壓力調適提供可行的紓壓方法。使個人在面臨壓力時，能順利化險為夷，並轉化為正向能量，讓生命樂活起來。

　　人類的生活中常須面對各種壓力，在這個高度競爭、講求效率的現代社會中，各行各業都有「壓力」。壓力不僅會導致負向情緒的表現，長期下來亦會影響身心健康，導致形成高血壓、心臟病、身心症等疾病。因此，如何因應或適應壓力，降低負面的影響，是每個人都需要學習的重要課題。

壹　壓力是什麼？

一、壓力的定義

　　壓力（stress）是指內外在事件或變化，已超過個人能力所能負荷，而帶來認知、情緒和生理不適的感覺（李明濱，2005）。也可以是個人因為無法因應環境要求而產生的負面感覺和信念（Folkman & Lazarus, 1984）。

二、壓力都是負面的嗎？

　　壓力都是負面嗎？其實壓力和疼痛一樣，是身體的自然反應，當我們感受壓力時，就是在提醒我們要調整步調了。壓力並非都是負面，適度的壓力可以激發成長的動力，讓人更精進、有創造力、有解決問題的能力。但壓力過度累積未能適當調適時，不只身體無法負荷，心理防衛機能也會失能，而產生身心症、焦慮、耗竭或其他心理疾病等。如果缺乏壓力，生活沒有目標，可能覺得無聊、懶散、挫折感等。

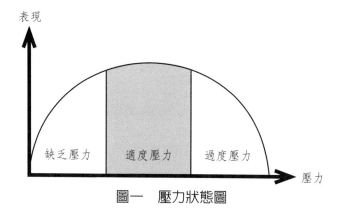

圖一 壓力狀態圖

貳 壓力從哪裡來？

壓力從哪裡來？為何壓力之所以成為壓力，最基本的步驟是經過認知評價（appraisal），最常被使用的是ABC模式。其中A代表誘發事件（Antecedent），B（Belief）代表對事件的看法，C（Consequence）代表結果。例如：期末考快到了(A)，期末考若考不好，是很嚴重的事，因為被當很丟臉(B)，所以很焦慮(C)。同樣的有同學也是要期末考，會認為考不好，大不了再重補修就好了，因此，同樣的事件卻有兩樣情，事件會帶來壓力，取決於個人如何看待該事件。

一般人對事件會產生不合理的認知推理，常見的有幾種：(1)先入為主；(2)刻板印象；(3)不知輕重；(4)斷章取義；(5)以偏概全；(6)妄下結論；(7)事事關己；(8)非黑即白；(9)倒果為因（李明濱，2005）。另外還有完美主義及過度擔心災難。

當個人感受到壓力時，應該自我對話，問問自己是否有以上不合理的想法，以釐清事實真相，用理性、彈性的態度去面對，將可避免不必要的壓力。

壓力從哪裡來？可以從身體、心理、社會環境和文化來探討。

一、身體壓力源

例如：慢性病、癌症、過度疲勞、難以治癒的疾病等身體不適。太熱、太冷也會造成身體壓力。

二、心理壓力源

例如：完美主義特質的人，對自己的期望過高、要求過多，就容易對自己感到不滿意，而給自己帶來壓力。又如自我概念不佳，自覺「我不好」的人比自覺「我好」的人容易產生壓力。其他像容易焦慮、嫉妒、自卑、愛鑽牛角尖、墨守成規、悲觀消極、過度在意他人想法……，也比較會帶來壓力。

三、社會環境壓力源

例如：家庭、學校、朋友、工作、人際關係不好等。或是大環境不佳，例如：經濟不景氣、治安不好、汙染、戰爭。災難事件，如地震、空難、水災、颱風、車禍等。個人所生存的環境不佳，勢必影響生活品質，壓力自然產生。

四、文化壓力源

例如：進入不同語言的環境、由偏遠山區到大都市生活、移民、遷居、結婚等，生活與以往不同，而產生壓力。

生活中難免遇上壓力，如上述個人身體、心理因素，甚至是不可避免的社會事件、災害事件，文化變遷等都會產生壓力。而人體為了應付這些壓力，會自動發出類似總動員的反應現象，如身體上、心理上、社會行為反應等，來應付外在的威脅，以維護其生命。詳細反應內容請見下節。

參　壓力的反應有哪些？

　　壓力的反應有哪些？一般人比較會聯想到壓力會產生一些負面的情緒反應，例如：焦慮、沮喪等，卻疏忽壓力會造成生理的影響，其實身、心、社會是合一的，壓力會讓身、心、社會產生整體性反應。

一、身體的反應

　　當個體遭遇外在威脅或危險等壓力情況時，例如：考試、比賽、開車等體內的腎上腺激素分泌會增加，使得心跳加快、肌肉緊張、心臟收縮力增強、血壓提升，讓人體可以應變緊急狀況。另一方面當壓力來襲，大腦皮質也會馬上接收到訊息，轉到下視丘，然後傳給交感神經，人體會產生應變反應：心跳加快、呼吸變快、血壓升高、體溫增加、出汗、手腳發冷等，以便幫助你準備迎戰，或者逃避。

　　當壓力源持續一段期間，而個人沒有發展出一套因應調適的方式，身體的自律神經系統、內分泌系統、免疫系統等，都有可能出現機能失調的情形，而可能發展出心身症（心理因素相關之生理疾病）。

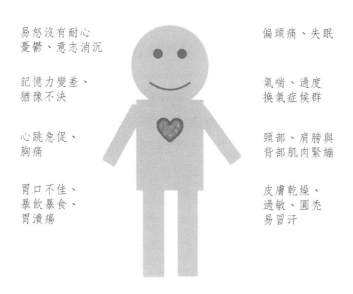

易怒沒有耐心
憂鬱、意志消沉

記憶力變差、
猶豫不決

心跳急促、
胸痛

胃口不佳、
暴飲暴食、
胃潰瘍

偏頭痛、失眠

氣喘、過度
換氣症候群

頸部、肩膀與
背部肌肉緊繃

皮膚乾燥、
過敏、圓禿
易冒汗

圖二　壓力過大時的生、心理反應

二、心理的反應

當個人感受到壓力時，可能會變得敏感、緊張、不安、難以放鬆、感到憂慮煩躁。壓力也常常讓人易怒，變得沒有耐心，容易遷怒別人。精神也不佳、顯得倦怠、沮喪、甚至出現退縮、躲避壓力的行為。有些完美主義者，因為對自己要求太多，達不到目標，最後常常感到無力感而失去對生命的熱情。

三、社會行為的反應

在社會行為反應上，人際溝通容易出問題、產生衝突，與人爭執的狀況增加。但有時反而退縮、疏離人群。除此之外，對日常生活事件的抱怨次數增加、挑剔增加。有些人會出現比平常喝更多的酒、菸等行為改變。

通常壓力的反應，每個人都不太一樣，有些人生理反應多，有些人則是心理反應較明顯。而即使是同一類型的反應，反應的內容也因人而異，因此有類似上述的壓力反應時，就要多加注意，提早做適當的紓壓，才不會變成大問題！

肆 紓壓方法

由上述探討壓力來源，可以理解壓力是多方面造成，因此要紓壓要從身、心、靈全人整體健康來處理，讓身、心、靈達到安適平衡狀態下，不只可以紓壓，甚至可以提升生命生活的品質，讓生命樂活起來。

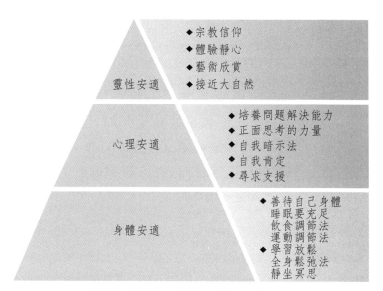

圖三 身體、心理、靈性安適圖

一、身體安適方法

(一) 善待自己身體

1.睡眠要充足

睡眠是人最基本的生理功能與需求,睡眠會影響多項身心功能,尤其情緒及免疫功能。睡眠不足常導致注意力不集中、思辨能力減弱、情緒浮躁不安、無精打采,面對壓力時,無法理性思考,容易被壓力擊倒。

2.飲食調節法

(1)注意營養的均衡。

(2)飲食以「少油、少糖、少鹽」為原則。

(3)多攝取有助於因應壓力的食材,例如:維生素B群、維生素C的成分。含維生素B群食材,例如:杏子、桃子、梅子、棗子、橄欖、核果類、綠色蔬菜……。含維生素C食材,例如:芭樂、柑橘、蕃茄、奇異果……。

(4)多攝取讓心情愉悅飲食，如含有血清素食物，例如：乳製品、堅果類、香蕉、菠菜、巧克力……。

3.運動調節法

(1)適度的運動可以改善體質，同時誘發腦部分泌腦內啡（endorphin），而讓情緒穩定。而且運動消耗體力，也是發洩情緒方式，是有效又無害的紓壓方式之一。

(2)「運動333」，每週運動3次、每次運動30分鐘、每次心跳達130以上的運動頻率。

(二) 學習放鬆

1.全身鬆弛法

在焦慮、情緒低沉、煩躁、疲倦時，適當的調整呼吸有助於放鬆。尤其放慢節奏深呼吸，可以排出肺內殘氣及其他代謝產物，吸入更多的新鮮空氣，增加肺活量和血液中的含氧量，有助於控制血壓、改善心跳、讓血管更有彈性並活化副交感神經系統，可以讓身心放鬆下來。再加上引導全身肌肉放鬆，可以達到減壓。練習時可以播放讓人放鬆的音樂，身體以一種最舒服的姿勢坐著或躺著，聲調要低沉而緩慢，也可以自己錄音起來，需要時放出來聽。

引導放鬆方法如下：

(1)先觀想自己在舒適安全的地方，現在請靜下心來，深呼吸。

深深的吸一口氣，……呼出去……身心都放鬆下來……

再一次，吸……進來，呼……出去……身心都放鬆……

再一次，吸……進來，呼……出去……身心都放鬆下來……

接下來在每一次呼氣的時候，把焦慮、煩惱、緊張都呼……出去……

而每一次吸氣的時候，把信心、希望、光明吸……進來……

可以很自然地在一呼，一吸之間，就做到了……

在這美妙的音樂聲當中，整個人都放鬆下來……。

(2)現在從頭部開始放鬆。頭頂放鬆……前額放鬆……眼皮、眼睛都放鬆……臉頰放鬆……下巴放鬆……嘴角微微笑著，心情保持愉悅……整個腦部、頭部都放鬆了……。

(3)頸部放鬆，肩膀也放鬆了……把重擔都放下來，輕鬆的休息，……然後把手臂、手肘、手腕、手掌、手指都放鬆了……。

(4)把肺部放鬆了，呼吸更加的舒暢，然後把五臟六腑都放鬆，愈放鬆愈舒服，運作得更好。……。

(5)接著把脊椎放鬆……。讓你的背部、腰部輕鬆了起來。把上半身都放鬆了……。

(6)接下來把下半身也放鬆了，整個腰部、腿部都放鬆，讓緊張、焦慮離開你。愈放鬆就愈舒服。

(7)把膝蓋放鬆了……把小腿放鬆了，愈放鬆就愈舒服愈寧靜。腳掌、腳趾都放鬆了……從頭到腳，全身都放鬆了。

2.腹式呼吸

腹式呼吸可以減輕焦慮，是因為它可以增加肺活量，改善心肺功能，加速血液回流，增強消化系統等。方法如下：

(1)將身體擺放在舒服姿勢，雙手輕放在肚臍前。

(2)由鼻子吸氣再由嘴巴吐氣。

(3)吸氣時，感覺肚子是鼓起來，肚臍往上頂，如此橫膈膜下降，胸部自然會擴張。

(4)吸氣時默念「1秒鐘、2秒鐘、3秒鐘、4秒鐘」並暫停1秒，感覺放在腹部的手跟著上升，並想像把希望與喜悅吸進來。

(5)慢慢吐氣，嘴巴可以噘起來慢慢吐氣，感覺放在腹部的手跟著下降，並想像所有緊張焦慮都吐出去。

(6)重複以上動作5-10次。

二、心理安適方法

你如何對待壓力，將決定壓力如何影響你。以下提供幾個方案，協助我們面對壓力。

(一) 培養問題解決能力

壓力來源經常是面對問題不知如何解決，可以應用問題解決法來培養問題解決能力，其方法是Bransford, J. D., & Stein, B. S.（1984）提出一個名為「IDEAL」的解決技巧模式，稱之為「IDEAL」，由五個英文字母組成，代表解決問題過程的五個步驟：確認問題（Identify）→定義問題（Define）→探求解決方案（Explore）→採取行動（Action）→回顧及評鑑（Llook back）。

紓壓妙方！……問題解決法練習

解決問題步驟	範例：英文老是考不好，怎麼辦？	自身經歷
1.確認問題	每次段考英文總是考不好	
2.定義問題	1.不懂英文讀書方法 2.沒有固定時間讀英文	
3.探求解決方案	1.請教老師英文讀書方法 2.設定每週讀英文時數	
4.採取行動	1.請教兩位老師英文讀書方法 2.做好讀英文時間表	
5.回顧及評鑑	下次段考看是否英文有進步 並做檢討	

(二) 正面思考的力量

嘗試改變看待壓力的心態、自我信心喊話，正向的能量一開啟，壓力會變為助力，面對問題的力量就會慢慢地釋放出來。

紓壓妙方！……問正面思考練習

事　件	凡事往好事想，你的想法是……
◆ 我的一千元不見了！	還好不是一萬元不見
◆ 這次段考考得很不好	
◆ 我這麼肥，一定沒有人喜歡我	
◆ 我這次剪的髮型超級難看，都不想見人	

(三) 自我暗示法

　　自我暗示療法是由法國醫師庫埃於1920年首創的，他有一句名言：「我每天在各方面都變得愈來愈好。」他讓病人每天不斷重複這句話，許多病人得到康復。

　　自我暗示就是個人透過語言、想象等方式，讓身心機能發生變化。這種自我暗示，常常會在不知不覺之中對自己的意志、生理狀態產生影響，而達到減壓作用。應用時要用肯定及正向式暗示。

　　自我暗示可以默念或自言自語，也可以寫在日記或便利貼，方便看得到，才能時時提醒自己。進行時間最好選在大腦皮層興奮性降低狀態，例如：一大早剛睡醒、中午午休和晚上睡覺前，效果較好。如果需要立即性自我暗示，儘量在身心鎮靜、精神放鬆下，專心狀態下再進行。也可以配合前面所提全身放鬆法，先做全身放鬆法後，再加上自我暗示的語詞。

紓壓妙方！……自我暗示法練習

事　件	肯定、正向的自我暗示
◆ 著急時	不要著急，我頭腦可以保持冷靜。
◆ 擔憂時	擔憂也沒用，勇敢面對事實，我可以想出辦法來處理。
◆ 失落時	
◆ 生氣時	

(四) 自我肯定

在這多元發展的社會中，每個人都是獨一無二，一定可以發現自己的優勢，做一個自我肯定、自我接納的人，並能健康快樂地做自己。自我肯定的人能在適當時機，真誠的表達自己的權益與需求，同時尊重他人並不傷及他人權益，適時的理性拒絕別人，減少不必要的干擾，以降低壓力源。

自我肯定過程是肯定自己也是肯定他人（我好—你也好），避免讓他人覺得自傲，表達時可以應用以下程序，達到雙贏局面。

紓壓妙方！……自我肯定練習

| 第1步 ➡ | 清楚描述情境 |

例如：我生氣是因為昨晚你晚歸，未先告訴我。

自身經歷：_____

| 第2步 ➡ | 直接表達自己情緒或想法 |

例如：讓我很擔心……

自身經歷：_____

| 第3步 ➡ | 提出期望或建議 |

例如：我希望以後晚歸要先告訴我。

自身經歷：_____

| 第4步 ➡ | 徵詢與討論 |

例如：我們達成協議，以後要晚歸可以打電話或傳簡訊。

自身經歷：_____

紓壓妙方！……我的優勢有多少？

你有哪些優呢？將以下人格特質表內最能描述你的打△，再請同學認為最能形容你的打○。

樂觀	謹慎	勤奮	安逸	冒險	守本分
活潑	內向	獨立	順從	領導能力	服從
大方	害羞	保守	時尚	熱心	自愛
熱情	冷靜	坦白	守密	人緣佳	獨來獨往
理性	感性	自信	謙虛	寬宏	有原則
穩重	隨性	讚美	分辨力	堅持	善變化
溫暖	慎重	沉穩	直率	可愛	成熟
隨和	有主見	真誠	現實	單純	複雜

(五) 尋求社會支援

　　心情鬱悶時不需要自己一肩扛起，獨自面對，可以找人傾吐與分享，可以讓壓力找到紓壓的出口。支援系統可以是親朋好友及師長，當然也可以是專業人員，如生命線（1995）、張老師專線（1980）、衛生福利部安心專線（0800788995）。

　　平時就應該建立好自己專屬的解壓社會支持網，一定要花時間、花精力去關心你的家人、朋友、建立好人際關係，強化你的支持系統，當需要時馬上有紓壓管道。想一想我的人際支持網絡有哪些？

紓壓妙方！……我的人際支持網絡有多少？

圖四　人際支持網絡

三、靈性安適方法

靈性健康是全人健康的重要組成，是導引生命意義的內在趨動力。在過去許多研究也發現，靈性健康與心理健康具高度相關性（Fehring, Brennam, & Keller, 1987; Roehrig & Range, 1995；黃惠貞等，2005）。因此能提供一些促進靈性安適方案，不只能減輕壓力、憂鬱、焦慮和自殺等負向心理指標，更能增加生命意義、希望感和生命滿意度，讓生命更趨於圓滿與安適。

(一) 宗教信仰，安定心靈

宗教是提升靈性成長之一，正信的宗教宗旨，都是學習利己利他，都主張愛、關懷、慈悲與利他傾向等價值與信念。例如：佛教「慈悲」、基督教「博愛」，都是在提示人生的使命，讓人明白人生的意義及正向的人生方向。當人生面臨難題時，從宗教的修持或對信仰對象的祈求中，往往能發揮安定心靈，達到紓解壓力作用。有些宗教藉著重複誦念經文，以得到內心的平靜，也是有異曲同工的作用。

(二) 體驗靜心，安定心神

靜心可以幫助心靈放鬆，獲得平靜。所謂的靜心就是停止知性和理性的大腦皮質作用，而使自律神經呈現活絡狀態。簡單的說就是停止意識對外的活動，而讓自心寧靜的方法。寧靜致遠，智慧自然產生。藉著靜心，可以安定心神，以及找到解決問題的方法。

靜心方法很多，坐姿、立姿、臥姿皆可，只要內心可以安靜下來皆可。例如：慈心禪，觀想時由自己出發，升起心中善念，然後將慈心善念分享給周圍親友，再擴及居住的城鎮以及地球的人和生物，最後則祝福整個地球和宇宙。這樣的過程可以擴大心胸，紓解人際關係的難題和壓力。

(三) 欣賞藝術，美化心靈

解壓的方法，也可以藉由欣賞詩詞、藝術、音樂、戲劇等藝

術文化的經驗，從中感受神聖、美善、創造的靈性深處覺受。有時透過非語言的傳遞，更能攝受到更高層次的靈性體驗，而美化了心靈，啓動內在智慧，進而能坦然面對生活的困境。

(四) 接近大自然，昇華心靈

接近大自然，不只光線可刺激下視丘抑制退黑色素（melatonin）分泌，大自然的芬多精而提振精神。另外觀賞大自然的神奇與遼闊，心胸也會變得開闊。更重要的藉由欣賞花草樹木的綻放與四季的自然變化，體會到生命的律動與希望，進而活化生命，昇華心靈，壓力自然減壓。

伍　結語

以上提供了很多紓壓方法參考，哪個方法最好呢？因人而異，只要找到適合自己方法就好。生活中難免遇上困境，能勇敢面對，就是解壓第一步了。逃避不是辦法，只有接受它的存在，例如：家世、膚色等，無法改變，那就去接受這些事實，才能讓我們好過一點。還可進一步處理它，做一些改變。例如：改變自己非理性的想法、改變自己的生活步調、正向思考，讓自己的生活邁向舒適的生活狀態。如果無法改變，接受它，也是一種處理方式，接受不能改變的，也是一種紓壓智慧。

參考文獻

李明濱（2005）。壓力人生。臺北市：健康文化，12、18、163。

黃惠貞、姜逸群（2005）。大專院校學生靈性健康、知覺壓力與憂鬱之相關研究。臺灣：衛生教育學報，**23**，137-138。

Bransford, J. D., & Stein, B. S. (1984). *The IDEAL problem solver: A guide for improving thinking, learning, and creativity*. New York: Freeman.

Fehring, R. J., Brennan, P. F., & Keller, M. L. (1987). Psychological and spiritual well-being in college students. *Research in Nursing & Health, 10*(6), 391-398.

Folkman, S., & Lazarus, R. S. (1984). *Stress, appraisal, and coping* . New York:Springer P ublishing Company.

Roehrig, H. R & Range, L. M. (1995).Recklessness, depression, and reasons for living in predicting suicidality in college students.*Journal of Youth and Adolescence, 24*(6),723-729.

問題與反思

一、回想一下自己在日常生活中最常遭到的壓力是什麼？自己如何調適？結果如何？如果再次面對相同難題時，你如何有效的因應？

二、想一想自己是否有足夠的社會支持系統？如果足夠，你是怎麼辦到的？如果不足夠，我如何改善自己的支持系統？

三、請靜下心來與自己對話，想一想我哪些特質有益紓壓？我哪些特質不利於紓壓？我如何改善？

延伸閱讀

Bransford, J. D., & Stein, B. S. (1984). *The IDEAL problem solver: A guide for improving thinking, learning, and creativity*. New York: Freeman.

李明濱（2005）。壓力人生。臺北市：健康文化，12、18、163。

黃惠貞、姜逸群（2005）。大專院校學生靈性健康、知覺壓力與憂鬱之相關研究。臺灣：衛生教育學報，**23**，137-138。

第十章

生命教育中的臨終關懷：以大學通識教育課程規劃為反思基礎

蔡昌雄

摘　要

　　本篇論文的主旨在於，闡述臨終關懷在通識課程教學中必須考慮的定位與原則問題，同時協助思考規劃在教學過程當中需要被含括的要素，以此提供生命教育中臨終關懷主題教學的參考。具體而言，筆者以為在確立臨終關懷在通識課程不屬於專業教育的前提下，教授內容應涉及下列主題：(1)當代臨終關懷運動的興起發展與當代意義；(2)死亡否認與心理防衛機轉及因應；(3)臨終歷程的階段與重要實務課題。在教學設計與教材的運用方面，要兼具知識性與體驗性，讓生活實踐層面的經驗與統整生活經驗元素的知識能夠結合，從而協助學習者建立當代人對臨終關懷所應具備的知識素養與人文內涵。

壹　臨終關懷課程於通識教育的定位思考

　　臨終關懷（terminal care）是由1960年代在歐美興起的一系列「死亡覺醒運動」（death awareness movement）所帶出的概念與行動，期望以一種回歸人本精神的臨終照顧方式，來確保生命末期的人性尊嚴與生活品質，以根本擺脫自十七世紀理性啓蒙科學昌明後，人類受醫療科技宰制而愈來愈趨向臨終非人性待遇的困境。根據Cathy Seibol（1992）的整理歸納，這些關於死亡覺醒的社會運動包括「尊嚴死運動」（death with dignity movement）、「自然死法案」（act of natural death）的推動，以及「安寧照顧運動」（hospice movement）等。這些當代西方的死亡覺醒運動直接、間接地蘊釀促成了當代西方學術界的「死亡學」（thanatology）或「死亡與臨終的研究」（studies of death and dying），也就是國內所稱的「生死學」（studies of life-and-death），乃是一門新興的整合性學科。事實上，國內自1990年馬階醫院設立安寧病房，以及1993年傅偉勳出版《死亡的尊嚴與生命的尊嚴》一書帶動風

潮後，目前至少已有二個以上與生死學相關的專業研究系所成立。
各大學在通識課程中開設生死學相關課程的比例也愈來愈高。

　　根據前述背景，「死亡覺醒」乃當代生死學教育的核心宗
旨，對於當代人面對死亡與臨終的觀念、照顧做法與體制，均具有
普世的啓發意義與影響，是當代社會文明的重要內涵，因此「臨終
關懷」具備成爲生死學相關通識課程的選項之一。然而，要在大學
通識課程中，教授像「臨終關懷」這樣一門兼具理論與應用屬性的
生死學課程，究竟應該怎樣來進行呢？要回答這個問題，我們就必
須先進行「臨終關懷」在通識課程中的定位思考。

　　對於此一課程定位問題，筆者個人認爲，「臨終關懷」通識課
程的教學，應該思考及符合以下幾個層面的定位要求：

一、通識教育非專業教育

　　基於此一原則，儘管臨終關懷的內容確實包含安寧療護、臨終
照顧等臨床實務觀念與技巧，但在通識課程中教授則應側重這些實
務做法的人文與社會意涵，而非類同醫療照護或心理健康照顧體系
中的專業在職訓練課程。

二、當代臨終關懷運動的興起、發展及當代意義

　　基於前項理由，臨終關懷的通識課程中，針對形成人類當代文
明的臨終關懷理念、做法、歷史背景及其發展過程，至少應花一定
的比例的時間加以介紹，以使學生對其觀念與做法的時代重要性與
歷史進程有所體認。

三、死亡否認與心理防衛機轉及因應

　　人類面臨死亡與臨終的關鍵難題在於對必朽命運的否認，也
就是人們不願意接受死亡、不願意碰觸死亡的心理所帶來的存在困
境。因此臨終關懷之所以具有通識教育的意涵，即在於讓學習者能
有機會對此重要課題進行反思，並發展出相應的人文素養來面對此

一課題。因此，人們因死亡否認發展出來的種種心理機轉及其可能因應之道，便成為臨終關懷通識課程不可或缺的內涵。

四、臨終歷程的階段與重要實務課題

根據上述死亡否認防衛心理的運作，人們在面臨死亡與臨終的挑戰時，自有其歷程中各階段的重要因應課題。在不涉及專業教育的前提下，臨終照顧實務對家屬親人仍是必備的知識涵養，因此臨終關懷的通識課程也因含納此一部分的知識內容，引導學習者認識及熟悉它們。

五、死亡與臨終兼具知識與體驗雙重性

由於死亡本身在哲理上具有「不可經驗的」或「不可認識的」特殊性質，因此死亡知識的學習究竟因如何被教育，便成為一項知識論與教育理論要探討的課題。簡言之，通識教育中的臨終關懷教學，不應是純知識性的，而應該兼具實用價值及體驗性。為達到此一教學目標，臨終關懷的通識教育便應該在反思性教材外，增加體驗性活動及影音教材的運用，才能符合臨終關懷課程的教學需要。

以下便依上述的指導原則，詳述其內涵意義。

貳　當代臨終關懷運動的興起、發展及意義

在大學通識課程中教授臨終關懷，觸及當代臨終關懷興起與發展的歷史背景介紹，至少需包括三個方面的內容：(1)死亡知識的先驅研究；(2)社會運動與臨床照顧實務；(3)臨終關懷的當代意義。

首先是死亡知識的先驅研究。當代臨終關懷運動的興起，歸根結柢當然是由於社會結構與文化變遷所導致，然而如果沒有1960年代起那些探針似的死亡與臨終的先驅性研究，視死亡為禁忌的保

守社會氛圍是否能夠及時突破，仍然有其變數，而且從這些先驅性的死亡研究中，也比較容易窺見當代臨終知識的系統性內涵。因此，我們認為在介紹當代臨終關懷興起的背景與發展時，應首先介紹這些先驅性的死亡研究內容，其中比較重要的有Glaser與Strauss於1965合著的《死亡覺知》（*Awareness of Dying*）、Sudnow在1967年出版的《臨終的社會組織》（*Passing On: The Social Organization of Dying*），以及最重要、也最聲譽卓著、由Kübler-Ross所撰寫、於1969年出版的《論死亡與臨終》（*On Death and Dying*）。這些先驅書籍中的研究發現內容，都具有學習及討論的重要價值。

　　其次是社會運動與臨床照顧實務。這個部分的內容主要就是前述的自然死與尊嚴死法案及安寧療護運動的推動與普及化。除了運動的歷史背景與訴求內容的介紹外，後續完成的死亡相關法案及安寧照顧方案的精神與內容，也是必須讓學生瞭解的基礎知識。例如：安寧照顧方案的全人照顧精神及其全人、全家、全隊、全程，乃至全社區的五全照顧做法，因為已經是目前國內外相當普及的生命末期醫療照顧方案，就非常值得介紹。

　　最後是臨終關懷的當代意義。這部分能夠申述及討論的內容當然是非常豐厚的，然而其核心精神則在於——死亡接觸。根據法國的歷史學者阿里斯（Phillipe Ariès, 1981），因為科技對自然的控制態度以及對生命週期的期望值增加等因素，現代的西方社會在人類歷來的「死亡系統」（death system）分類中，被歸屬為「死亡否認」（death denied）的社會。因為人們對死亡採取迴避與對抗的態度，甚至在知識與社會體系上建立嚴格控管的機制，不讓死亡溢出進入人們的覺知範疇中；長此以往，死亡在現代人的意識中便處於一種「存封」的狀態（Giddens, 2002）。因此，當代臨終關懷儘管具有多層次的豐厚意義，但其核心精神及在於將此「存封」的死亡覺察意識予以「解封」，從而能針對不同情境與課題需要，發展出各式各樣返璞歸真、與死亡接觸的做法來。

在這三個層面回溯西方臨終關懷的發展歷史的同時，課程的講者應該也要補充臺灣本土發展的情況讓學生瞭解，一方面這才是立足本土的通識視野，另一方面也才是當代臨終關懷發展的全貌。

參　死亡否認、心理防衛機轉及因應

根據臨終諮商心理師賴爾（Lair, 2007）的觀點，臨終關懷的核心課題在於，協助臨終者面對並接受人類必死的命運；具體的面對方式則涉及生死觀的調整以及死亡焦慮的降伏。從這個觀點看臨終事件，臨終者的臨終狀態可以被定性爲是自我的終極失落（ultimate loss）。這個失落在本質及程度上，都與個人一生中的失落經驗完全不同，因爲過去生命中的失落事件，無論是某部分肢體的喪失、情感的解離，乃至於失去至親，都只能說是失去了個人自我的某一部分，或是我所有的某一部分及其價值，自我雖然受傷或受到衝擊，但仍然存在。可是當死亡現身，臨終者所感受到的威脅，卻是即將完全失去自我本身，這是生命的終極挑戰情境。

面對此一情境，生活在被歸屬於死亡否認文化的當代社會中的人們，其實缺乏能夠協助個體面對此一挑戰的內鍵文化因子，原因是當代人所抱持的主流生死觀乃是認定生命消失後，我們花費一生心力所打造的社會自我及心理自我，都將不復存在。這當然對個人會帶來極爲嚴重的價值衝擊，生命的虛無感油然而生，也自然會產生各式各樣的心理情緒反應，如憤怒、沮喪、悲傷、徬徨、恐懼……。因此，因應之道便在於調整生死觀的內涵，能夠將超個人意識層面的生命存在含括進來，重新塑造一個能聯繫個人自我與宇宙本我之間的生命紐帶，以此重新界定生命的價值意義不止侷限在有限的此生上，則臨終失落的困境便能緩解。這點不僅是臨終病人面對的挑戰，也是陪伴者在過程中需要用心學習的課題。

同樣的困境也可以從臨終者所呈現的死亡焦慮上面看出來。死亡焦慮是人在面對生命受威脅時的一種心理狀態，讓人感覺充塞

不知所以、不知如何應對的恐懼感。根據賴爾的分析，死亡焦慮可以分成三個層次：(1)歸屬焦慮（membership anxiety）；(2)存在焦慮（existential anxiety）；(3)深層結構的焦慮（deep structure anxiety）（Lair, 2007）。

　　首先是歸屬焦慮。這是最顯而易見的層次。由於人們在生活中與個人、家庭、團體與社群建立了各式各樣的關係，並由此產生了歸屬感及相對應的價值感。因此，當死亡現身威脅到個人時，焦慮感很容易被聚焦到個人即將與之解離的關係上，以恐懼關係解離的方式表現出來。這個層次的死亡焦慮是最具體的，對臨終者而言，也是最真實的。要緩解或進而消解人們的歸屬焦慮，可以協助他們進行生命回顧，把肯定、正向的事件視為美好的仗已打過而放下，未竟之事或遺憾之事尋求最後可能的彌補，以「道謝、道愛、道歉、道別」的方式跟世間的因緣解離，以免在臨終時因歸屬感需求不能滿足，產生強烈焦慮並進而執著。

　　其次是存在焦慮。這個層次的焦慮，在臨終者白日的生活中較不易顯現，但是在夜深人靜時就容易感受到。臨終病人儘管極度困乏，但在夜晚往往難以成眠。原因無他，就是夜晚時人的活動趨少趨緩，臨終者的孤獨感油然而生。此時揭露的乃是人生根本的存在處境，亦即人「生而孤獨，死而孤獨」的事實，此時臨終者對此存在處境已能有所覺察，如臨深淵、如履薄冰般的感受到死亡即將到來，俗世的一切關係即將解離，於是產生強烈的焦慮感。此一焦慮雖然也是因覺察到人際關係終將解離而產生，但是與前一層次的焦慮差別就在深度。當前者仍停留在關係的戀著上掙扎時，後者已被全然拋入生命的絕對孤獨之中。此一層次的焦慮感實難消除，也未必有必要消除，至少不須立即消除，因為它是引導臨終者通向第三層次、也是最深層次焦慮的必經通道。

　　第三是深層結構的焦慮。這個層次的焦慮雖然是最深層的，但也是最原初的；因為它反映了人們在面對死亡時產生焦慮的真正核心問題；亦即缺乏一個個人自我與宇宙本我的完整生命架構，無法

理解生前死後的奧義，因此自然無法瞭解死後的「去處」問題，從而感到不安。人是一種目的性存在的動物，在生時依據在世打造出來的自我為依託，創造生命的意義與價值，自然能夠安頓身心。但是當生命走到盡頭，如果還是受到當代主流生死觀的影響，認為死亡即是人死燈滅而毫無任何精神安頓出路的可能，則這個層次的焦慮將根本性的癱瘓臨終者的意志，導致一種絕望性的感受。在此我們可以看出前述生死觀與死亡焦慮相互影響的關係，也折射出臨終終極失落的本質原因。

循著前述揭露死亡否認的生死觀、到死亡焦慮層次解析人性本質的脈絡，可以說是最為深入死亡與臨終經驗的人本課題省思，在臨終關懷通識課程的教學中，是非常重要的元素。教學者可因不同的學科訓練而嶄露不同的專長特色，也可以因為不同的教學設計而展現不同的教學風格特色，但是這個人們在臨終時刻需要被關懷的本質與經驗脈絡，卻是不得不碰觸的核心課題，它反映了臨終關懷通識教學的精神。

肆　臨終歷程的階段與重要實務課題

臨終關懷是現代人面對死亡時的共同課題。狹義的臨終關懷指的是由桑德絲（Cicely Saunders）醫師所發起創建的安寧療護（Hospice）方案，由醫療機構對臨終病人提供符合全人理念的臨終照顧措施，包括安寧病房的臨終照顧、居家安寧照顧，以及一般病房針對末期病人融入安寧理念與照顧人力的共同照護等；廣義的臨終關懷指的則是，由安寧療護的全人理念所引申出來的臨終照顧理念與做法，適用於每個人在照顧臨終家屬或親人時的情境，不僅限於醫療院所或特殊的病房。由於本文的目的在於，使通識課程學習者建立對臨終關懷實務的一般性認識，因此，綜合整理臨終照顧實務上各個環節所涉及的問題，採取的是後者廣義的定義，表述對象將以參與臨終關懷的一般家屬為主。

　　具體而言，有關臨終歷程實務課程的介紹應該包括：(1)末期病人的處境；(2)病情告知；(3)疼痛與症狀；(4)心理靈性需求；(5)死亡準備，以及：(6)瀕死與臨終現象等六大主題。主題內容在說明時，則應分別進行問題陳述、原因分析及因應方式等三個層次的處理。希望透過臨終關懷原則與實務的介紹，能夠讓課程學習者預擬以臨終照顧場域的家屬，學習基本的照顧觀念及行動的指南，從而整體提升本土臨終關懷的理念與做法。

　　茲分別就此六大主題的重點內涵加以說明如下：

一、末期病人的處境

　　現代社會雖然醫療技術進步，但是仍有許多重大慢性疾病如癌症、愛滋病等，除非早期發現，否則迄今仍無法得到有效的治療或控制。當病人面對癌症的威脅，卻仍無法有效控制癌細胞的擴散時，死亡開始向病人招手，病人被推向生命的「邊界處境」，有一種進退不得的感覺。人對塵世價值的戀著不但未曾稍減，甚至因為死亡的迫近而更加強烈，所以根本不願意面對及接受死亡的到來。在這樣的情況下，病人將陷入極大的恐慌不安之中，或者逃避現實遁入自己的世界中，或者被此矛盾衝突癱瘓了生命能量，或者由此引發許多的負向能量而難以自拔，因此末期病人在醫療的處境是極端無助而極需要關懷的。

二、病情告知

　　在進入被醫療診斷為末期階段的病患，往往並不接受自己已經進入死亡的不可逆處境，陪伴的家屬也是如此。會造成這個現象的主要原因，是包括醫療人員及家屬在內的陪伴者，沒有能夠明確徹底地告訴病人，關於病情惡化的壞消息。對臨終的醫療團隊而言，在知道病人及家屬的期望，與事實有如此大的落差之下，病情告知便成為吃力不討好的工作。有時在明瞭真實情況之後，家屬也會面臨同樣的告知困境。庫布勒－羅斯（Kübler-Ross, 1969）醫師認

為，臨終病情沒有告不告知的問題，只有如何與病人分享壞消息的問題。因此，這個困境的解決，基本上就是要面對事實，無論是病人本身、家屬或醫療人員，都應該要承擔起此一面對死亡真相的存在責任。原則上，我們絕不應該配合病人的否認行為，否則陪伴者將自失立場，而且死亡的真相終究是無法隱瞞的。反之，若一昧掩飾，將只是拖延時間、徒增困擾罷了。但是在不配合病人否認，也不直接拆穿病人否認面具的前提下，我們卻可以不斷提醒他注意身體症狀變化的事實，讓他自己去選擇面對此事實的態度。

三、疼痛與症狀

　　一般而言，臨終病人的身體疼痛與症狀，是一種整體性的疼痛。安寧療護的創始人桑德斯醫師（Dame Cicely Saunders）主張，理想的臨終關懷，必然要瞭解此一整體性疼痛的成因及其呈現，並採取各種可行的方法，儘量緩解或消解這些痛苦。所謂整體性的疼痛包括生理、心理、社會及靈性四個方面。其中生理的痛苦包括全身各處的疼痛、呼吸困難、胃腸症狀等；心理的痛苦包括焦慮與沮喪等；社會的痛苦包括經濟及家庭問題等；靈性的痛苦包括尋找人生意義、探索死亡的真相、尋求心靈的依歸等。實際上，此四種不同層面的痛苦會交互影響，造成病人極大的障礙，但主要還是透過生理疼痛及症狀的覺察來表現。臨終病人的症狀照顧主要由醫護人員擔任，但是家屬也扮演著很重要的陪伴角色。疼痛具有主觀性，適當良好的關係陪伴可以帶給病人極大的溫暖，也將帶來疼痛的緩解作用。

四、心理靈性需求

　　臨終階段的病人常見的心理與情緒主題，有震驚、否認、恐懼、焦慮、孤獨、寂寞、憤怒、討價還價、沮喪、絕望、接受等。其中庫卜勒‧羅斯醫師的研究，把臨終心理反應分成五個發展階段，即否認、憤怒、討價還價、沮喪及接受。另有一種二元擺盪的

模式描述臨終的心理反應，認爲臨終病人的情緒是起伏擺盪的複雜心理現象，會強烈受到身體狀況的制約，若稍有好轉便會產生求生意志，若病況轉壞又有尋死念頭，常令陪伴者不知該如何應對才是。臨終心理不能單純的被視爲心理問題，而需要被看成是某種生命極限處境下的靈性需求反應。例如：臨終病人常會向陪伴者提問關於自身病況及死亡的問題，像是「我什麼時候會死」、「我爲什麼死不了」、「我能不能得救」、「我是不是不行了」等；臨終處境下的自我，需要進行四個和解工作：與自己的和解，與他人的和解，與自然的和解，與更高眞實的和解。其次，也可以從時間的進程瞭解病人：與自己的過去有什麼需要和解，現在有什麼立即的痛苦需要解決或心願需要完成，對於自己死後生命的未來，是否有任何未解的疑惑或牽絆。

五、死亡準備

　　臨終病人一旦跨越過某個生理上的分界點，便會進入自身的病況之中，很難再對周遭環境有所反應，此時病人與這個世界的連結將愈趨薄弱。雖然當病人進入疾病末期時，家屬就應該對於可能的死亡做好心理及實務上的各項準備工作，但是當病人沉入病中或身體出現各種衰微的跡象時，死亡準備的工作便要開始具體著手、納入時程了。此處所謂的死亡準備工作，大致包括幾個項目：交待後事及預立遺囑，討論是否留一口氣回家的抉擇，臨終助念或宗教儀式的安排，喪葬事務的聯繫安排。

六、瀕死與臨終現象

　　在各項死亡準備工作進行的同時，病人的生命將漸漸走入尾聲。臨終時刻也有一些需要注意的事項，值得陪伴的家屬關注。首先，是留心辨識瀕死症狀及適切的處置。其次，是臨終現象的瞭解及因應。最後，是臨死覺知狀況的出現及應對。此階段關懷的基本原則是，勿以日常意識觀點判定病人經驗的眞偽，陪伴者應在尊重

生命臨終微妙展現的前提下，盡力做好最後一程的陪伴守護工作。

伍　死亡與臨終兼具知識與體驗雙重性

　　死亡之於自我意識的不可知性，導致了知識論哲理層次關於死亡知識是否可能的論辯。論者有謂，既然人無法在生前經歷死亡，而死者也永不復生。這裡排除所謂「近死經驗」（near-death experience）者，因為他們的復生代表他們只是比常人更接近死亡，而並非真正死亡，而死亡學的教授是需要經驗基礎的，但無人具備教學死亡的經驗基礎，因此死亡與臨終的知識與教學成為不可能。此一議論觀點十分普遍，但有關哲理邏輯層次的論辯，在此無法進行詳細討論，一方面因篇幅所限，但更重要的是依據本文所論主旨，只要我們對死亡採取現象學式的觀點，將死亡看成是反應於我們意識中的立即經驗產物，則死亡本身雖然無法被經驗，但死亡這個生命的終點對於在世之人的意義經驗，卻是無時一刻不存在，而且是可被把握的。因此嚴格的講，臨終經驗並非死亡經驗，而是接近死亡的生命經驗與生活經驗，它當然具備經驗基礎，也當然可以形成有效知識。

　　其次，人生最終的死亡雖然無法於在世被經驗到（凡經驗者均已離世），但是生命歷程中有許多情境相類、規模較小的情境可供類比體驗，例如：失戀、失婚、截肢、老化、生病、喪親、挫折……，這些人生中的小型死亡都可以成為個人模擬死亡的經驗事件基礎。這些經驗或許不等於真正的死亡經驗，但是在體驗失落的經驗本質上，卻是絕對可以成為經驗教材的。這些具體而微的人生小型死亡經驗，在生死教育的過程中可藉由案例分享、討論與知識引導的方式，規劃二至三個單元的時間來加以闡述，讓學生有機會建立臨終關懷所要闡述的死亡經驗的某種個人情感性聯繫。

　　承上所述，既然臨終關懷的教學是具備經驗基礎而可以實踐的，那麼在這個通識課程的教學上，就兼具了知識性與體驗性這兩

層內涵。凡從事臨終關懷的教學者，無論所學背景為何，都必須要在教學過程中注意融入體驗性的教材或教學方式，才能夠有利於臨終關懷的知識傳遞。這份教學內容與方式的清單從生活或實務經驗舉例、臨床機構參觀，到自我體驗反思設計（如預擬遺囑、填寫不急救同意書、自身告別式或葬禮規劃、寫給逝世親人的一封信等），以及提供大量影音資料以為課堂與課後參用……，可以包括在內。體驗性設計的教學部分，目的在喚起學習者的情境意識，讓教授的知識具備經驗聯繫的基礎，從而產生融會貫通式的學習，並達成臨終關懷通識課程的教學目標。

陸　結語

　　本篇論文的主旨在於，闡述臨終關懷在通識課程教學中必須考慮的定位與原則問題，同時協助思考規劃在教學過程當中需要被含括的要素。具體而言，筆者以為在確立臨終關懷於通識課程不屬於專業教育的前提下，教授內容應涉及下列主題：(1)當代臨終關懷運動的興起發展與當代意義；(2)死亡否認與心理防衛機轉及因應，以及；(3)臨終歷程的階段與重要實務課題。在教學設計與教材的運用方面，要兼具知識性與體驗性，讓生活實踐層面的經驗與統整生活經驗元素的知識能夠結合，進而協助學習者建立當代人對臨終關懷所應具備的知識素養與人文內涵。

參考文獻

(一) 中文部分

Giddens, A. (2002)。現代性與自我認同：晚期現代的自我與社會。（趙旭東、方文譯）。臺北市：左岸文化。頁156-158。

Lair, G. S. (2007)。臨終諮商的藝術。（蔡昌雄譯）。臺北市：心靈工坊。

Van den Berg, J. H. (2001)。**病床邊的溫柔**。（石世明譯）。臺北市：心靈工坊。

石世明（2001）。**伴你最後一程**。臺北市：天下文化。

許禮安（1998）。**心蓮心語**。臺北市：慈濟道侶。

蔡昌雄（2007）。生死學經典的詮釋——以庫布勒—羅斯的《論死亡與臨終》為例。**通識教育與跨域研究**。2(1)，1-25。

(二) 外文部分

Glaser, B. G. & Strauss, A. L. (1965). *Awareness of Dying.* New York: Aldine Publishing Co.

Kübler-Ross E. (1969). *On Death and Dying.* New York: Macmillan.

Seibol, C. (1992). *Hospice Movement: Easing Death's Pain.* New York: Twayne.

Sudnow D. (1967). *Passing On: The Social Organization of Dying.* Englewood Cliffs N.J.: Prentice-Hall.

問題與反思

一、本文提到通識教育非專業教育，而在臨終關懷的教學中有需要置入體驗性的教學設計與教材，請思考不同專業學科訓練背景之教師，尤其是並不具備臨床實務工作經驗背景之教師，如何才能夠在教學中達成上述的期待目標？

二、本文提到死亡的不可經驗性，以及在死亡知識的建立與教學上的思考，請思考教師在實際的教學上可能遭遇的類似問題有哪些？可能的因應之道為何？

三、請思考觸及臨終關懷核心的死亡否認與心理防衛機轉的教學，與臨終歷程階段與實務課題的教學，兩者之間應如何建立整合與連結？

四、請思考臨終關懷者應如何從臨終關懷課程知識中反思自身的照顧問題，以強化陪伴照顧的能力？

$$\boxed{\text{延伸閱讀}}$$

Singh, K. (2007)。好走：臨終時刻的心靈轉化。（廖婉如、彭榮邦譯）。臺北市：
　　心靈工坊。

Toombs, (1999)。病患的意義。（邱鴻鍾等譯）。青島：青島出版社。

Wass H. & Neimeyer R. A. (1995). *Dying: Facing the Facts*, 3rd edition, Washington D. C.:
　　Taylor & Francis.

Zaner, R. (2004)。醫院裡的危機時刻。（龔卓軍譯）。臺北市：心靈工坊。

余德慧（2006）。臨終心理與陪伴研究。臺北市：心靈工坊。

第十一章

生命教育教學
方法之探討

紀潔芳

摘　要

各學科皆有其較適合之教學方法，本章列舉適合「生命教育」課程的十一種教學方法，分析每一種方法的利弊得失及適用時機，並以生命教育課程單元舉例說明，另闡述教學成效之評量方法。通常在生命教育領域較著重情意評量及多元多次評量。

壹　前言

生命教育的內涵包括關愛自己、關愛他人、關愛大自然。在生命教育教學中主要希望培育學生兩項能力，即創造力及溝通能力。教學上使用活潑生動的教學法，交互使用各種多媒體教學資源以提升教學活潑度，更需設計體驗式活動去觸動學生心靈深處，方能收潛移默化之功效。

有關生命教育的教學方法，本章歸納為十一種：講述法、討論法、批判思考（或價值判斷）、體驗教學法、實作教學法、探索教學法、欣賞教學法、合作學習法、生命典範教學法、專題教學、教學參觀。本章探討不同的教學方法如何運用在生命教育的教學單元，及提出教學建議。

貳　教學方法之運用

生命教育雖屬較嚴肅課題，但可採多元教學方法，讓上課氣氛活潑生動，令學生在愉快氣氛中學習。茲將各教學方法在生命教育課程中之運用分敘之：

一、講述法

講述法是傳統教學法，教師講，學生聽，學生可有系統的學到全面知識。惟其缺點是教師單向溝通，失之枯躁。故建議教師能以

幻燈片或恰切之PPT或微電影配合之，以提升上課活潑度，學生亦易於理解。另教師亦可以答問法，如提問問題，讓學生自由回答或指定人回答（或有特定人選或打瞌睡者，或不專心者）。或者請學生念一段課文，或請學生上黑板寫字，以增加互動及交流機會。學生因隨時有被叫到的可能，亦會較認真聽課。教師有時亦可採「及時回饋法」，即下課前每人發一張小紙片或寫上上課重點，或寫心得等。一學期中亦可實施三、四次。

二、討論法

討論法有兩種實施方式：如上課中臨時將學生分成多組，討論教師拋出之議題後，要派人上臺報告。或教師於上節課先拋出主題，由學生在課餘時分組蒐集資料、討論，然後在課堂上報告、討論或辯論均可。例如：「死刑存廢之探討」。教師甚至可規定正辯及反辯，於課前1小時才抽籤決定。這時每組都要準備正反兩組資料。好處是正反面的理由都有探討，較能持平看待事情。討論法能培養學生蒐集資料、整理資料，表達觀點的能力，惟占用較多時間，一學期能上一至二次已很不錯了！

三、批判思考

教師可提出主題如「同性戀婚姻合法化之探討」、「安樂死之贊成與否」、「死刑存廢之探討」或「墮胎主題」，如胎兒之生命權，媽媽有權墮胎否？都牽涉到生命權歸屬問題，或「自殺主題」一位自殺者對其自己有沒有生命權等「自殺主題」，由學生分組組隊、蒐集資料，針對兩難議題陳述己見，培養批判思考能力，澄清其價值觀。

又如兩年前某名校高三學生推甄上國立大學經濟系，卻發現同為高三的女朋友懷孕。雙方父母經商議讓女孩子墮胎，此高三男同學在女朋友墮胎前夕跳樓自殺。有些高中老師以隨機教學讓學生討論，如果你是父母親你會怎麼做？如果你是這位男同學，你又會怎麼做？

四、體驗教學法

設計各項活動如「懷孕媽媽眞辛苦」、「飛輪人生」（由坐輪椅行動不便的同學指揮、由戴眼罩同學推輪椅）、「或用嘴或用腳畫畫」等，即藉角色扮演，去體會不同角色的感受，讓學生換個角度思考，培養其同理心及爲人設想之氣度。如親子不愉快、夫妻吵架或顧客糾紛或師生角色互換等，均可實施角色扮演。在生命教育教學中有多項教學採體驗活動之實施教學，效果均受學生肯定。

如「口足畫家」之體驗活動，讓學生口含水彩筆畫畫。這時老師要呼籲學生，不可隨意拍同學的背「老兄！畫好了嗎？」，怕太大力，水彩筆會插到喉嚨，所以在做體驗活動時，還需注意學生安全，不可不留心。

五、實作教學法

　　學習不只是紙上談兵，要實作才能有真實感受。在教學目標訂定中，常分知識、技能、情意三項。實作即指技能部分，要有實作經驗、要培養實作能力，即帶得走的能力，如烹飪課，有關烹飪原理原則屬知識部分，注意到衛生及營養乃情意原則，而烹飪技術則透過實作來落實。

　　在生命教育課程中，筆者設計了多項實作活動，如生生不息（有培養苜蓿芽經驗）、預立遺囑（有立遺囑能力）、腹式呼吸等。又學生問體驗教學和實作教學有何不同？實作教學一定有體驗經驗，而體驗乃獲得相似經驗，如背背包去感受媽媽懷孕，只是相似經驗，如用腳畫畫並不是培養此項技能，乃感受肢障者行動不便之相似經驗，去同理肢障者。

六、探索教學法

　　探索教學法主要培養學生學習如何去學習，刺激學生學會思考並找到探索的答案，其中包括邏輯推理、資料蒐集分析等。另可參考「鴿子怎麼了」案例：（紀潔芳，2015）

　　某一天下午下課時，小學三年級學生急忙到導師室找老師「老師！你快來看」，老師隨著學生跑到校園，原來地上躺著一隻鴿子，老師說：「我們來看看牠怎麼了！」大膽的學生上前摸摸看：

　　老師，牠身體是硬的！

　　老師，牠眼睛是閉著！

　　老師，牠身體冷冰冰的！

　　老師，牠心臟沒有跳動！（天知道，小鳥的心臟不大好摸！）

　　「牠怎麼了？」老師問，「死了」學生齊聲回答。「那我們要怎麼做？」老師又問，「老師！我們可以將鴿子製成標本。」一位腦筋動得快的學生搶著回答，「嗯！這個主意不錯！但是我們一般很少看到鴿子的標本，你們知道為什麼嗎？」「老師！製作標本的費用太貴了！」

　　「還有呢？」「老師，通常是稀有動物不小心死了，才製成標本讓大家認識，鴿子是我們常看到的，所以較少製成標本。」一位很有智慧的學生回答，「那我們還可以為這隻鴿子做什麼呢？」「老師！我們應該將鴿子埋起來」，「那要怎麼做呢？」

老師！我去校園找一塊地。

老師！我去找一個盒子當棺木。

老師！我去找幾朵花

老師！我們F4來抬棺！

「還有呢？」老師問。

啊！老師，我爸爸是牧師，我來爲鴿子主持喪禮！

對了！老師，我可以爲鴿子念佛。

「還有嗎？再想想！」「啊！老師！我們要爲鴿子做一個墓碑！」

「答對了！你做好嗎？」老師讚許及要求。「好啊！但上面要寫什麼呢？鴿子又沒有名字。」

「來！大家想想！」老師鼓勵大家動動腦。

對了！可以寫「小白鴿之墓」。

不要，太俗氣了！

馬上被否定，寫飛行英雄之墓好嗎？鴿子善飛行，還常常飛鴿傳書。大家拍手叫好，「我想寫頂番之鳥好嗎？」（他們是頂番國小的學生）大家也附和著，兩個主意都不錯，最後由全班同學投票表決，寫下了「頂番之鳥」墓碑。隨即展開了一場別開生面的葬禮。

以上的討論，老師自始至終不斷丟出問題，讓學生去思索，去找答案。佩服老師的智慧，把握了探索生命的最好機會。學生所學到的不單是埋葬小鴿子，也學到了合作無間、團隊精神。更重要是如何面對死亡，在學生長大過程中還會碰到許多死亡事件，相信這些學生會有較好的態度面對與處理。

另在「人生三際」、「看照片說故事」、「我的小書」等體驗活動，均屬「自我探索」，幫助瞭解自己的教學活動。

七、欣賞教學法

　　平日繪本的閱讀，視聽媒體或戲劇的觀賞皆屬欣賞教學法，有些人認為這是最輕鬆的事，其實不然，重要是觀賞後對每個人的啟發或個人觀感。當然在過程中亦引領個人將深藏的情緒抒發等。如「媽媽的臉」DVD，僅僅是15分鐘影片，但太觸動人心，尤其對有喪親遺憾的朋友，看後常是淚流滿面，有的不願出來分享，有的願意分享，在分享中又是一番痛哭流涕、悔恨、懊惱、內疚……。這正是為她做悲傷輔導的好時機，但又要顧及全班。筆者通常會先擁抱對方，然後帶全班做「心心相應」的活動……，參考，通常是有效的，下課後還須個別約談，又對剛才不願公開分享者亦歡迎私下晤談。在欣賞教學法看影片時，通常教師是全神貫注注意學生的反應，並要隨時處理突發狀況。

八、合作學習法

　　合作學習法為透過團體合作的方式，針對教師或學生事前所設計的生命教育相關主題，透過合作的學習歷程，激發學生的群體意識、培養互相包容的學習態度，並能彙集大家的智慧與力量幫助別人。例如：小組共同擬定自認理想之告別式或臨終個案關懷並模擬發表等。在筆者教學活動進行中看到學生分頭蒐集資料、討論、演練、修正、創新到發表，學生們集思廣益的力量令人讚嘆！

　　前面提及之「飛輪人生」體驗活動亦是最佳之合作學習。即肢障與視障者之合作。推輪椅的人看不見，坐輪椅者的走不動，兩人如何互信互助開拓人生非常重要。另「畫我大樹畫我家」的小組體驗活動，乃是創造力與溝通藝術結合的活動，彼此的默契度是很高的。另討論法之組隊辯論亦是合作學習之良機。

九、生命故事（典範）教學法

　　在生命教育課程中筆者讓學生自己找主題，然後蒐集約四、五十張照片編輯故事，做成PPT配上旁白及音樂，製成「○○○生命故事」。通常學生定之主題千差萬別：有過世爺爺的故事（一面流淚一面做），有「當作爺爺73歲生日禮物之」PPT，有「失蹤七年仍在想念小貓的故事」，有孩子成長的故事，有自己一生的寫真集，有為林書豪、單國璽樞機主教製作之生命故事。在製作過程中抒發了不少積壓的情緒，一方面回饋家人，也多了一件有意義的事影響家庭或社會。

十、專題教學

　　訂定一個主題，以為全學期之專題。即每個人認定自己這學期要持續之努力主目標。如對喪親者做悲傷輔導工作等。

　　學生訂定之目標千奇百怪，有人要減肥、有人要早起（七點）、有人要早睡（晚上12點睡叫早睡）、有人每天要運動30分

鐘、有人每天要寫書法30分鐘、有人每星期要義務為視障同學念書四次,一次30分鐘。筆者請他們寫一張計畫書,並請一位監護人監督至少要做兩個月,效果還不錯。

十一、教學參觀

　　教學參觀是提升學生對實務瞭解最有效的方法之一。在一學期中可抽出兩天時間舉辦教學參觀;如安寧病房、癒花園、世界宗教博物館、殯葬研究所、禮儀社、墓園,或參加活動,如告別式、清明掃墓、重陽祭祖、生前告別式等,或參觀生命教育推動優異之學校,包括大中小學等。惟宜事先規劃妥當,向學生說明清楚,方不負此行。

　　通常大陸或港澳的老師來臺灣作「生命教育之旅」,下列單位是大家認為頗具特色可前往參觀之機構:

(一) 癒花園

　　臺北護理健康大學之悲傷療癒花園,是林綺雲教授所創設,花木扶疏、景緻怡人,各項設施都有其特別意義,如枯山水、眼淚池、和解區、悼念臺等,沉重的身心走進,經癒花園洗滌,卻可輕安自在走出來,的確神奇!

(二) 世界宗教博物館

　　「世界」典藏豐富,參觀和體驗同時進行,一進大門,看見一面水牆,世界上各宗教都和水有關係,將手輕輕按在水牆,霎時感受身心被洗滌之清涼。接著靜靜緩緩走過朝聖大道,腳下感覺人生之路由坎坷到平順。來到了感應牆,將手按在牆上,看見了自己的手印,原來我們是跟著前人的手印成長,而後人還要追隨著我們手印發展,經右轉來到了「金色大廳」,看到融合東西文化的圖騰,令人感動。在此大家為世界和平深深地祝福。接著12分鐘的影片觀賞,有空靈之感。人生五個階段的巡禮、華嚴世界之深邃、世界十大宗教的探索……,真有

不虛此行之感。

(三) 到松山高中走一趟，可以瞭解到高中生命教育之踏實，這是個有溫度的學校。到臺南協進國小參觀，可感受到生命教育、鄉土文化、生活教育的傳承。

(四) 花蓮慈濟大學無言良師（大體老師）的教誨令人動心。

(五) 新店三之三花花姊姊繪本館令人驚艷，繪本講故事魅力十足。

(六) 臺中惠明學校（視障）的生命關懷、生活教育、音樂教育，令人深深體會到每個孩子都有一片藍天，多元適性發展才是生命教育的核心目標。

(七) 成功大學附設醫院之人文之旅，半天時光可探索安寧治療、對早產兒的關懷、器官捐贈及不像太平間的太平間。

還有許多機構都很有特色值得參觀。從小學到大學、從學校教育到社會教育、從正規教育到特殊教育，都值得我們前往參觀學習。

以上介紹了十一種教學方法，教師可根據每單元要上課的內容選取適當的教學方法，或結合多種教學方法互相搭配，運用於教學中，俾能提升學習興趣與成效。

參 作業設計

在教學中，適當的作業設計也是提高學習成效方法之一。尤其是融入社會經驗、生活經驗及實務經驗的作業設計，學生較受益。通常在生死學、生命教育課程，較少以考試來評量學生成績，所以作業之評量就很重要，下列提出作業設計供參考：

一、計算自己從出生到現在家人為自己花了多少錢？自己生下來之體重及喝○○牌的奶粉長大？

當學生開始做這份作業，幾天後筆者接到家長電話：紀教授！我不

知道你這份作業的意義何在？但是我的孩子快把我煩死了！大部分學生爲了這份作業，都親自回家向媽媽問東問西，媽媽！我是剖腹生產，家中花了多少錢？，我喝哪一種牌子奶粉？○○牌，媽這是最貴的奶粉！喝得這麼好！只要你好，多少錢我們都捨得。媽媽！我紙尿片用到幾歲？別的孩子用到2歲，你到3歲還在用。（學生開始算一包紙尿布多少錢，三年共用了多少包。）

媽媽！我念幼兒園花多少錢？我念小學花多少錢？

媽媽！上一次您帶我們去美國，花了多少錢？

媽媽！前年我生病住院一個多月，花了多少錢？

母子點點滴滴一筆一筆詳加計算，終於大致算清楚了，彰化師大我班上學生從出生到大一最少的是新臺幣約360萬，最多將近800-900萬不等，當有位學生發現，他從出生到大一，一共花了家中500多萬元時，他落下淚來！爸爸只是公務人員，每個月僅數萬元收入，但家中是這般的支持他、疼愛他及栽培他！

筆者又接到上述家長的電話：紀教授！謝謝您！我的孩子做了這份作業後，回家講話的態度溫柔了許多，以前總是看這邊不順眼，看那裡也埋怨，現在是感恩與謙和！故在教學中，教師可以設計許多活潑生動的作業，讓學生去體驗，去感動，打從心裡收到潛移默化的功效。

二、有同學寫到種苜蓿的經驗。

上學期老師發給我們每人一包苜蓿種子，教我們怎麼種，沒想到第二天小苜蓿種子發芽了！到了第四天已滿滿一瓶，今天大家帶到學校，我的最旺，老師給了我A+，問我祕訣在哪裡？我告訴老師我每天都唱歌給小苜蓿芽聽，還稱讚它。

三、2015年暑假氣爆事件或2016年初臺南地震傷亡事件的資料分析及如何盡一份心力。

四、預立遺囑（或生命計畫書）：內容包括對家人或朋友道別的話。自己心愛東西的安排，及後事的規劃，寫或輸入皆可，惟要親自簽名。

(一) 剛開始有些學生對此項作業有些害怕，但隨著上課的次數

增加，對生死問題的深入探討，大多數學生已能坦然接受。有位學生說：「實在寫不出來」，筆者允許他以繳讀書報告代替，沒想到期末這位學生竟然寫了滿滿五大張遺囑，「老師！我是一面流眼淚，一面寫的。」據筆者統計，約有85%的學生預立遺囑都會流眼淚，他是真正在寫遺囑。如果寫遺囑沒有流眼淚，那這位學生可能是在寫作業而已。

(二) 學生的遺囑，有的規規矩矩裝在信封中；有學生的遺囑用毛筆寫在宣紙上，用棉紙包好，再用紅緞帶繫上；有學生的遺囑裝在錦盒中或玻璃瓶中；有學生將之製成光碟，還附上許多照片……，真是五花八門，頗富巧思，令人賞心悅目。

(三) 預立遺囑作業是修生死教育課程的學生，生命提升需突破的關卡。筆者通常會在夜深人靜時，以虔誠的心拜閱。在學生的遺囑中有衷心的感謝、有真誠的致歉、有時不我予的遺憾、有種種的追憶……。在閱讀中常會被學生的赤子之心、情深意重所感動。通常筆者的回應，會寫在小紙片上，俾保持原遺囑之潔淨。有關預立遺囑之作業，筆者是不打分數的，此項作業絕不是分數可以衡量的。感動的是有畢業多年的學生在教師節的卡片上回饋：「老師！謝謝您讓我們預立遺囑。我每年生日都會拿出來閱讀，並修改一次；現在我的父母及兄弟也這麼做。」在生死教育教學常有許多的意外驚喜，令人回味再三。

(四) 有位同學說：「寫遺囑時，覺得很傷心，想到自己就要離開這個世界，寫著寫著就更珍惜自己現在所擁有的，家人看過我的遺囑，覺得這個作業很好，也很樂意幫我簽名，覺得我有著開明、思想開放的家人真好！」

(五) 剛寫遺囑的時候，說真的，心情真的有一點沉重，但寫到

後面居然愈寫愈快樂，並且回想到以前的事情，我想我是以很認真的態度在寫遺囑，所以才會有這種感覺吧！從今以後，我一定會更把握當下，絕不讓自己再虛度光陰。

五、簽署緩和醫療意願書，寄健保局（尊重學生意願）。

六、這星期每天在校學靜靜走20分鐘，聆聽大地一切聲音。

「當老師出這份作業時，我覺得很無聊！但我想試試，星期四清晨起了個早，在校園走了20分鐘，靜靜的走！聽到了八種聲音：有三種鳥叫聲、有風吹竹葉聲、有汽車聲、有叫賣聲、有老人運動的笑聲，還有散步老太太所牽狗的叫聲，很有趣。」

七、這星期做五件讓校園更美麗的事情。

「這五件讓校園更美麗的事，想了想，逐一完成了撿垃圾、將走廊上的水掃掉、帶了一盆小花放在講桌（大家都說很美，沒有人知道是我放的），已經做三件了，再也想不起要做什麼？最後偷偷在教室後面布告欄上貼了告示『天轉涼了，請保重！關心你的人！』」

八、探訪或照顧臨終病人或家屬之心情（個人或小組）。

九、寵物死亡之失落及哀傷之心得報告。

有位高中生的失落：「放學回家看不見皮皮，問媽媽說她也在找皮皮，我二話不說出去找皮皮，好晚了，還是沒找到，今天在回家路上看到皮皮，我追上去，皮皮沒理我，追了兩條街追上了一看，不是皮皮，只是很像皮皮，我失望的走回家，媽媽見到我失意落魄，叫我坐下，告訴我『皮皮不是走失，而是被車輾過死了。媽媽不忍心告訴你，趕快把牠埋了，但看到你每天魂不守舍，決定還是要告訴你真相』，我非常生氣大吼『你應該老實告訴我，至少我還能跟皮皮說再見』，吼完我放聲大哭，兩天都不跟媽媽講話……，現在平靜多了，爸爸問我要不要再養一隻狗？我說以後再說吧！」

十、抽空去看一場電影、聽一場音樂會、觀賞戲劇或參加一場生日宴
　　會、婚禮、喪禮之感覺。

肆　教學評量

　　教學評量是教師評量在教學過程中，有無達到最初所訂之教學
目標。

　　生命教育課程希望每次上課均能有潛移默化功效，所以形成
性評量很重要。在評量中，以老師的看法占較大百分比。同學及家
長亦可參入評量行列。至於評量方式，筆者未採取筆試，以口頭報
告、實際操作、作業、上課出席及積極參與為主。良好的評量方式
能培養學生良好做學問的態度，非只用聰明來讀書，所以學生的學
習態度是很重要的。

　　從長期觀之，亦可透過量化、方法評量。如在開課前選定對照
組與實驗組，以生命意義量表為例做前測，兩組在相同之起點行為
上，對照組不上課，實驗組上生命教育課，至少八週以上方可做後
測，停課後至少四週以上做追蹤測，分析兩組有無差異來做教學效
果評量。惟這是長期評量成效研究用，在學期成績上趕不及做完。

　　有時亦可採實用性評量教學成效，如一位大三工學院學生，
把去世祖父的故事製成光碟，共分三段：第一段敘述祖父的故事，
第二段述說自己的思念，第三段回歸生命的意義。一面製作一面流
淚，做完後帶回家約了雙親、伯叔、姑媽及堂兄弟姊妹一起觀賞，
大家都流淚，但哭過後舒服多了！另一位女同學在祖父73歲生日
時，做了爺爺生命故事之光碟，敘述爺爺的人格特性及為人處世，
爺爺說這是他收到最好的生日禮物。記得有位女同學剛開學時，聽
說學期末要交預立遺囑作業，她不敢寫，問筆者可不可以以讀書心
得代替，筆者允許，沒想到這位女同學聽課漸入佳境，期末竟然交
了預立遺囑，而且是滿滿的五大張，令人感動，以上同學均可列入
學習優良之表現。

　　有關生命教育課程之評量，筆者通常不考試，採用多元評量方式，多次數，且兼顧知識、技能、及情意之綜合評量，並於最後一次上課，將所有作業、預立遺囑、報告批改後還給同學。同學需建立自己的學習檔案，並將這學習成績及學習評語發給同學，筆者覺得學期結束前及時回饋學習成效是很重要的。

參考文獻

吳秀碧（2006）。生命教育的教學方法探討。生命教育理論與教學方案。臺北市：心理。

紀潔芳（2015a）。生命教育內涵。教學方法與評量。打開生命教育百寶箱。臺北市：蓮花基金會。

紀潔芳（2015b）。銀髮族臨終關懷服務之探討。生命教育你我它。臺北市：蓮花基金會。

張淑美（2014）。生死教育教學模式與方法。林傳雲主編實用生死學。臺中市：華格那。

傅偉勳（1994）。死亡的尊嚴與生命的尊嚴。臺北市：正中。

問題與反思

一、在生命教育學習中，你印象最深刻的是哪一主題的教學？並說明理由？

二、在生命教育課程中，你哪一份作業最得心應手？為什麼？

延伸閱讀

金樹人（2015）。生命卷軸——價值與意義的示現。生命教育的核心價值及意義研討
　　會論文集。臺北：護理健康大學。

張淑美（2005）。「生命教育」研究，論述與實踐——生死教育取向。高雄：復文。

黃俊傑（2013）。二十一世紀生命教育的新取向：心靈覺醒，經典研讀與環境教育。
　　生命教育與十二年國教研討會論文集。臺灣大學主辦。

錢永鎮（2015）。生命教育的教學設計與教學實例。超越抉擇與實踐。生命教育學術
　　研討會論文集。臺灣大學主辦。

國家圖書館出版品預行編目資料

生命教育教材—基礎篇／楊思偉主編. -- 初
版. -- 臺北市：五南，2017.02
　　　面；　　公分.
ISBN 978-957-11-8800-3（平裝）
1.生命教育 2.文集
528.5907　　　　　　　　105016015

1IZR

生命教育教材──基礎篇

總 策 劃 ─ 林聰明

副總策劃 ─ 釋慧開

主　　編 ─ 楊思偉(317.7)

發 行 人 ─ 楊榮川

總 編 輯 ─ 王翠華

主　　編 ─ 陳念祖

封面設計 ─ 陳卿瑋

出 版 者 ─ 五南圖書出版股份有限公司

地　　址：106台北市大安區和平東路二段339號4樓

電　　話：(02)2705-5066　傳　　真：(02)2706-6100

網　　址：http://www.wunan.com.tw

電子郵件：wunan@wunan.com.tw

劃撥帳號：01068953

戶　　名：五南圖書出版股份有限公司

法律顧問　林勝安律師事務所　林勝安律師

出版日期　2017年2月初版一刷

定　　價　新臺幣300元